丛林所思

僧伽的教育艺术

满 谦 法 师 —— 著

生活·讀書·新知 三联书店

本书由上海大觉文化传播有限公司独家授权出版中文简体字版。

图书在版编目(CIP)数据

丛林所思：僧伽的教育艺术/满谦法师著.—北京：生活·读书·新知三联书店，2015.11
ISBN 978-7-108-05307-7

Ⅰ.①丛… Ⅱ.①满… Ⅲ.①佛教-人生哲学-通俗读物 Ⅳ.①B948-49

中国版本图书馆 CIP 数据核字(2015)第 066924 号

责任编辑 麻俊生
封面设计 储 平
责任印制 黄雪明
出版发行 生活·讀書·新知 三联书店
(北京市东城区美术馆东街 22 号)
邮 编 100010
印 刷 常熟文化印刷有限公司
版 次 2015 年 11 月第 1 版
2015 年 11 月第 1 次印刷
开 本 880 毫米×1230 毫米 1/32 印张 6.5
字 数 140 千字
印 数 0,001—6,000
定 价 28.00 元

序一　生命不空过

满谦要出书了,她来向我请教书名。这本书是她自澳大利亚南天寺调任回丛林学院担任院长,忙于院务之余,应《人间福报》之邀,将现代丛林教育的理念与生活点滴撰文发表结集而成。我一向知道满谦个性刚正,做事利落果断如大丈夫,阅读这本书你会发现满谦更是充满至性至情与柔软爱心的好院长。

这本书每一章节都充满着对学生的热爱,每一页都写满了对教育的热情,每一行都铺陈着对生命的热度,展示着一个优游丛林中细腻深情的心灵。48 篇文章,篇篇记载着丛林教育的因缘情深,行行揭示着菩提路上的无怨无悔,句句流露着负担如来家业的心甘情愿。所以我对她说:"书名就叫作《丛林所思》吧!"

教育是人类传递和开展文明的方式,透过教育,获取有用的知识、培养社会适应能力以及发展健全的人格,人类才能视野开拓、心灵开展,并且长养智慧、包容、慈悲的健全人格。而佛陀是世间最伟大的教育家,他在成道住世的 49 年中,广宣教化、示教利喜,目的就是为了教育众生。不仅提升人格道德,并且开发真如自性,以达到解脱自在的人生。因此"佛教"即是指佛陀的教育、佛陀的教法、觉悟的教育。有鉴于此，佛光山创建之初，我就将开山四大宗旨之一，定为“以教育培养人才”，就是希望培育健全的人才，为社会国家服务奉献。

出家一甲子，办学40年以来，我一向主张丛林教育的精神，不是口头上的谈玄说妙，而是要于日常生活中去体验。所以，丛林的教育法又可谓“搬柴运水的生活教育，因材施教的启示教育，无情无理的棒喝教育，福慧双修的力行教育”。在满谦的娓娓细诉中，可以看到除了知识的传授，丛林教育更重视自觉，从生活中自觉，陶冶思想、伦理、道德、人格，乃至威仪，进而领悟生命深邃的内涵，自我提升超越，达到智慧的境界。

我从来没进过学校，没有领过一张毕业证书，但在做工、挑柴、打水、做饭时，都在思索生命的意义，都在向生活学习，这就是佛教自觉的教育。感谢诸多因缘的成就，多年来承蒙台湾地区数所大学不弃，邀请我担任博士论文的评审人，幸获美国、巴西、泰国、韩国等多所大学相继颁发六个荣誉博士学位给我。办教育是我一生的坚持，目前在台湾地区创办佛光、南华两所大学，在美国创办西来大学，而今满谦也效法慈庄、慈惠、慈容、心定法师们，在海外努力弘法，十年来她带领一群僧众及信众们努力奋斗，成果斐然，千禧年蒙获澳大利亚政府捐赠一片土地给南天寺，以兴建南天大学。看到弟子们的成就，我颇为欣慰。

满谦由澳大利亚调回本山就任丛林学院的院长，一般人只知道她会建寺工程、弘法讲经、办活动等，却没想到她任职院务之余，也埋首精进写作，令人惊讶。其实自觉能生慧，如六祖惠能大师所说“慧由心生”。从满谦书中，能清晰地看到她在自觉教育上的努力，这本书可以说是一本自觉教育的记录，也是满谦本身自觉的书写。

教育的过程是站在巨人的肩膀上，开展了深广的视野，但是大家都只注意到给站在高处快意迎风的人掌声，而忽略了那只默默承担的肩膀。

佛光山这么多年来，就是靠着许多默默承担的肩膀，叠起教育的高楼，看到更辽阔的风景。从东方佛教学院、“中国佛教研究院”到今天的丛林学院，40 年来，慈惠、依恒、慧开、依华等人担任历任院长，造就的佛门龙象，或弘法利生，或贡献社会，他们办医院、养老院、育幼院、幼儿园、小学、中学、大学、讲堂、图书馆、美术馆、出版社、杂志、报纸、电台、电视台等，可以说这些人才致力于教育、文化、慈善等佛化事业，遍布十方，带动了台湾佛教的蓬勃发展。

现在教育的接力棒传到满谦的手上。满谦在入佛门前，是一家知名服装公司的设计师，服装设计最重要的是合身贴切，浓淡适度，现在她成了教育设计师，所以更能因材施教，松紧自如。满谦有热忱，有干劲，对教育有理想目标，相信她一定能将接力棒握得稳稳的，一路畅快地跑下去。

我曾经在《迷悟之间》的一篇文章中，将人心比喻为钻石，指出钻石必须由匠人的细密磨砺、精准切割，才能绽放内在的华光，璀璨闪耀。一个好的院长、有爱心的老师以及能自觉的学生，才能组合成一台高超的切割机，将钻石晦暗的表层磨除，让智慧穿进内心，折射出美丽的光芒，这本书就是切割过程的记录，书页中师生间温馨暖暖光芒流动，值得读者一探究竟。

很高兴满谦在《人间福报》的教育专栏《丛林风月》将要结集成

册出书了，以此与满谦勉励，并为之序，希望她能继续努力地写作，为自己、为佛教留下生命的历史痕迹。

佛光山开山宗长　星云大师

序二　天心月圆六十坡

“剪一片白云补衲，邀半轮明月看经”。在红尘万丈、悲欢离合中讨生活的凡夫俗子，总不免对丛林禅修的日子充满了向往和好奇。是不是真的“事到无心皆可乐，人非有品不能闲”呢？

满谦法师以慧眼、慈心、妙笔，淡淡地把丛林风月铺陈成一幅幅水墨画，在《人间福报》与读者定期地见面。我们因此得以一窥“四十坡的月色”，也能品尝到“温、热、烫”三杯茶的道心禅意，了解到“为有源头活水来”的不二法门，就是“每日五问”。体会到“赞叹香云布，时复来相度。我今勤精进，终不相疑悟”的人生境界，要从“合掌以为华”开始。

依于仁，游于艺，是读书人梦寐以求的精神标尺，在战争与和平、成功与失败、风雨与艳阳、欢笑与眼泪的轮回里，我们惊喜地发现，相约在六十坡的佛门学子，在马蹄莲下，在石灯月华与曙光里，任岁月引导，专心虔诚地聆听赞叹大自然的声音，从花鸟说法、七宝行树、微风送香中学习人天之间的宁静、自在和清凉。不是吗？黄叶无风自落，秋云不雨常阴，生命短暂，世缘迷茫，什么都会过去。天若有情天亦老，遥遥幽恨难禁，生老病苦，秋收冬藏，在作者一篇篇清新生动的小品里，我们见识到人际之间谆谆善诱、春风化雨、笔砚相亲、推心置腹的良性沟通，这就是教育的真实面貌啊！

很多人说，今天的各级学校，师生都不能了解什么是饭碗、什么是理想、什么是寂寞、什么是狷狂、什么是思念、什么是遗忘、什么是迷失、什么是成长。各位老师、各位同学，到丛林学院里来一趟吧！唯有一轮明月，两袖清风，才会帮助我们顿悟到面对佛光，顶天立地地置身六十坡之殿堂，贫乏局促的日子，立刻就会得到解放，轻车快马，驰骋在狂风繁花、草飞鹰扬、无边无际的心原之上。因为心是我王，无小不在，无大不藏。我们在满谦法师的文字里读到了欢喜，我们也在满谦法师的文字里看到了自己。

“问余何适，廓尔亡言；

华枝春满，天心月圆。”

弘一大师言教身教，行菩萨道，为佛门立下了千峰一月的典范。有幸拜读了满谦法师的新作，领略到丛林风月、云水禅心的一角，好像品尝了一壶雨后的新茶，感到无限的沁凉甘醇，随笔写下自己几点不成熟的心得与感想，聊表对作者的祝福与感谢之忱。阿弥陀佛。

佛光大学校长　赵宁教授

自序　在丛林里遇见佛陀

许多人常常好奇地问我任职“丛林”学院，课程是否就是在森林里面穿着五彩迷装，像陆战队那样在丛林里作游击战的训练，听了令人喷饭。

所谓“丛林”，是因禅宗里自达摩东来后300年中，禅僧多依住律院或岩穴、树下，尚未营立禅院，直至唐代马祖道一首创丛林，以安禅侣，故称佛教僧尼聚集精进修行、弘法办道的地方为“丛林”。清末民初后中国大陆的佛教寺院，犹如大学，有着教育的功能，当时称为“丛林”，又称“圣智之林”，亦即将许多有智慧的人才集中在一起。丛林如大冶洪炉，是陶冶僧格、修学办道的修炼所，因此，古时又有“选佛场”之称。

过去的丛林，规划相当完善，无论从建筑结构、人事组织，甚至寺院供奉的佛菩萨圣像，处处蕴藏着教育的用心。《禅林宝训》所谓：“妪之妪之，春夏所以生育也；霜之雪之，秋冬所以成熟也。”讲的就是丛林教育里含融的“爱的摄受，与力的折服”。

佛光山丛林学院是由星云大师创办的，大师一本“欲续佛法慧命，胥赖弘法人才”之高瞻远瞩，于佛光山积极推展各种佛教教育，革新精进，不遗余力。取名“丛林”，就是希望能为佛教培育优秀的人才，将佛法的慈悲智慧推动到全世界，建立祥和安乐的国际社会。

丛林风光，一朝风月，多少师长的热忱培养，孕育了许多佛子悲智愿行的德行，毕业后分发到世界各地去弘法，读万卷书，行万里路，识万种人，做万种事，学以致用，将才华尽情发挥，奉献社会，服务众生，一同携手行佛，走向世界，圆满人生。

20年前凤凰花落的季节，我由北台湾搭车到高雄佛光山，踏入丛林学院的大门，走过六十坡，一路踩在满地的落叶上，眼泪无法停止地涌现出来，那是千百劫来的殊胜因缘，仿佛游子回到家一般，遇见最敬爱的慧命之父——佛陀！找到了人生努力的方向，那一刻决定了我这一生最重要的选择，从此漫步丛林，朝夕晨钟暮鼓，听梵音缭绕，埋首深入经藏中。就读丛林学院的岁月，是我人生最幸福的一段光阴。

海外弘法十余年后，奉常住的调派，回到佛光山担任丛林学院院长一职。每天在晨钟暮鼓声中，忙着与学生对话，忙着与老师们商讨研究现代的教育法，忙着为台湾青年们组织筹划未来的学习方向，忙着与山上的小动物及树木花草心灵沟通，日子忙得充实而有趣。

我仿佛回到当年学院的生活，不同的是，学习方向已经不同，开始学习怎样当院长。虽说在澳大利亚弘法时，我也担任南天佛学院院长，但它毕竟只是一个分部，与总本山差异颇大。尤其，本山就有来自20余国的学生，好似一个小联合国，必须适应彼此的文化背景，并了解学生的学习障碍。

回首走过的岁月，丛林学院已迈入40个年头。从大师担任第一届的院长，随后由慈惠法师，乃至后来的依恒法师、慧开法师、依华法师等接任，40 年的丛林风月里，灯灯相续，法脉相传，培养出无数的优秀人才，如今，其弘法传教的脚步遍布五大洲七大洋，遍及全世界 200 多个国家和地区。这些光荣的历史，着实让我从教育院院长慈惠法师手中接下佛光山未来教育的重任时，内心感到诚惶诚恐，唯恐误人子弟，耽误常住大事。

幸而大师慈悲不嫌弃，给予弟子诸多的启发，惠院长不吝指导，许多师兄长也提供许多宝贵的意见，让我安下心来办学。与其称呼我是院长，不如说是陪读侍者，我不断思考，运用各种方法勉励、鼓励学生用功就学，期望每个学生学成后，我们都能将他们送到全世界需要佛法的地方，播撒佛法慈悲的种子。

与此同时，我也思索：迈入 21 世纪，时代社会快速转变，人心人性、生活习惯、思考模式也大异于往昔，因此，教育成了更高难度的挑战性工作。台湾地区的教育改革后，许多老师都大叹世风日下，夫子难为！在这种种的情况下，如何不作负面思考，仍朝着光明面行进，以百年树人园丁植根的精神，为未来培育优秀人才，教育工作的确是难行能行的菩萨道行。并且在这价值观混乱、是非颠倒、善恶不分的年代里，依然有源头活水源源不断而来，需要有启发性的思考及教育方法，方能让我们教不倦、诲不厌。

我自己颇为庆幸，跟随了一位伟大的师父——星云大师，他一生以教育为职志，其热忱、信念没有改变过。观机逗教、因材施教、因势利导、善巧方便，他平时的行仪，都是无言的教化。他以身作则，不言而教；一生的开示，举凡做人、处事、为学、治国等，无所不包，无所不含，都是最好的教材。

俗语说:“宁带一团兵,不带一团僧。”出家人的性格虽然比较超逸淡泊,无所勉求,但相对的,因为不求名,不求利,有时候也很难动之以情,晓之以理,所以教育僧团徒众,不像带领世俗企业里的员工那么容易。而大师除了分布在全球各地百万名信徒之外,还收了1 000多位出家弟子。大师每天不但必须处理忙不完的法务,还得分神为他们处理情绪、读书、修持、弘法等问题。在这当中,我看到大师教育方法的千变万化,奥妙无穷,只要通彻其教育的原理,就能举重若轻、气定神闲地予以转化。

承蒙《人间福报》副刊主编蔡孟桦小姐的热切邀稿,我的教学生涯里多了一项工作:写作。刚开始,我内心惶恐犹豫,不知要写什么,什么才适合读者的需要。经过一个多月的思考,大师给予我的启发,一一地在我脑海里跳跃出来。我开始动笔写下教育的心路历程,成了一篇篇题材。

开始时,觉得下手实在困难,尤其我的好同学都不忘提醒我:“要感性一些!”这真是一大难题。我比较擅长议论,突然要转变,颇为伤脑筋,最后决定“佛法大海,但取一瓢”,尽心去做就好了,就放手写吧!现在,每天都会情不自禁地想写下一些心得或感想,对我的思想理路有澄清、过滤之效,倒是意外收获。

自从每周一与《人间福报》读者在《丛林风月》这片园地相遇,许多人纷纷来函问我关于教育的问题,如父母对子女的教育问题,或是老师对学生的教育,主管对同僚的辅导,甚至很多年轻人写信给我,询问如何与父母沟通,如何规劝好友等,让我有机会将多年来蒙获自佛陀及祖师大德、大师及师长们的思想启发理念,加上自己的一点实务经验,回馈十方。

这本书的内容主要是记录我在丛林学院与老师、学生们之间，晨钟暮鼓下的对话，共分为四个部分。

第一部分：生命之树，是将佛陀及祖师大德们一生动人心弦的生命启发，提供给现代的年轻人做榜样。

第二部分：菩提之树，是就师生之间的互动关系，提供另类的思考。

第三部分：丛林之树，是为现代年轻人提出学习之道及各种教育法。

第四部分：思维之树，是将我自己出家将近20年来，由入佛学院到选择出家及到海外弘法，以及从事教育的心路历程，给大家分享。

而今这个专栏即将编辑成册，我希望通过本书，让更多的人了解丛林学院的教育，及里面的风貌，感谢大家给予我的爱护鼓励，所有的荣耀皆源自佛陀及祖师大德的光明摄受，所有的成长皆出自大师的指导及师长的庇荫，所有的成果，皆来自许多好朋友的鼓励。感谢孟桦的"催生"文稿，马西屏教授提供宝贵的意见，慧庆、满义、满维、满济、满慧、觉芸、妙广、如常法师等，以及澳大利亚的刘凤珠小姐耐心阅读校稿，妙谦法师为《人间福报》绘制精美插图，妙千法师的美术编辑及同学如志法师、曾昱绮的协助，最辛苦的是左秀灵居士的限期编辑，时间仓促，付梓在期，仅以此功德回向十方法界的大众，祝福大家都能福慧增长，身心自在。

佛光山丛林学院院长　满谦法师

目　录

第一部分

生命之树

阅读一个人的历史，就是阅读一个人的生命。透过阅读“人”这本厚重的大书，心智被充分唤醒与启发，潜能得到自觉开展。

阅读自己的生命，阅读他人的生命，由阅读他人到自我的生命原来是一体的，是同体共生的，自他一如，真美好。

一见钟情

一见钟情，
为爱不顾女性矜持的摩登伽女，
一路追到僧团里乞求佛陀让她嫁给阿难。

佛教教主释迦牟尼佛一生说法 49 年，讲经 300 余会，运用种种法门，演说无上法音，2 000 多年来传衍不绝。佛陀的教育方法博大深妙，说法方便自在，佛陀的教法如甘露遍洒大地，万物均蒙滋润，如天女散花般处处飘落，庄严世间。

佛陀善巧的教育里有八万四千法门，从有情到无情，从出世到入世，一花一叶，在一般人眼中只是树木花草，在佛陀眼中却是清净圆满的真理化身；青山大海、细雨微风，在世人眼中也不过是天象气候，在佛陀眼中却是究竟菩提的境界。有时候，佛陀运用神通自在种种的变化来说法；有时候，六根互用，扬眉瞬目、举手投足，都是在说法传心。

《本生经》里佛陀有时用动物来譬喻，《法华经》里用植物来取材象征。对佛陀来说，世间万象无一不是悟道法门，佛陀的教育法是说不尽、言无涯的。

佛陀的教育法，是自然教化，如春风化雨般，从来不压迫、不勉强人，总是随顺人的根性，给予种种方便的教化。美丽的摩登伽女爱上“面如秋满月，眼似净莲花”的英俊庄严的阿难尊者，因爱难舍离，不顾自己女性的矜持，一直追到僧团里乞求佛陀满其愿，让她嫁给阿难。善于方便教化的佛陀，非但不以摩登伽女为无礼，拒绝她荒谬的要求，甚至还大开方便应允：“我可以满足你的愿望。”佛陀以无限慈悲包容的微笑，耐心开导她说：“摩登伽女，你既然喜欢阿难尊者，但阿难尊者是一个很有修行的人，为了让你们未来的家庭能幸福美满，你先留在这里学习一段时间，等你们俩的修行素养水平相近了，我再为你们举行庄严的婚礼。”摩登伽女受到佛陀的感化，立即就答应了：“好！我修行，我一定要修得跟阿难尊者的程度一样！”

一心一意要嫁给阿难尊者的摩登伽女，因执着感情的坚定信念，比其他人更专注用功地学习修道。经过佛法的洗礼教化后，私爱阿难尊者的妄念一断尽，即朗然见性，就入于佛道了。她请求佛陀慈悲，也让她出家修道。精进修行的摩登伽女，后来比阿难尊者更早证得阿罗汉果的果位。这正是因为佛陀的教化法，着重启发引导，而不强压逼迫，所以每个人都可以在这种善巧的指引下，悠然地返观自心，彻悟本性①灵台。

自然教化是佛陀一种慈悲的教育法，滋润众生迷蒙的心灵，使烦恼的大众通过佛法熏陶，渐渐根植出美丽的菩提②花果。

---

① 本性：指固有之性德，即常住不变之绝对真实性。

② 菩提：广义而言，乃断绝世间烦恼而成就涅槃之智慧。

现代许多人的感情犹如闪电般，一见钟情就结婚，因为没有考虑文化、教育素养的水平是否一致，往往结婚后双方就因为水平不同而痛苦不已。据报道现在各国离婚率已经越来越高，青年男女只要合就结，不合就离，完全未将婚姻仔细考虑，造成现在许多单亲家庭的问题。智慧的佛陀，指出婚姻要能考虑双方的文化素养等因素，鼓励摩登伽女先自己努力培养美德涵养，重新考虑“爱的真谛”，不致因一时冲昏了头，作下无法挽回的决定。现代的青年人也应得到一些启发，对婚姻的选择要有正确的观念，才能建立美满幸福的家庭。

纵观现下丛林学院的青年学生们，他们放下世间情爱的羁绊，进入佛学院学习，培养宗教情操，关怀世间，未来贡献社会，利益大众，将世间私情升华为大爱，也是一种真情的展现。问世间情为何物？但看读者诸君当下一念。

探索阅读

佛教里有名的典故，摩登伽女一见钟情于英俊庄严的阿难尊者，因为遇到伟大的教育家——佛陀，这件棘手的事件转为彻悟本性的圆满结局。反观时下青年谈恋爱，一见钟情，闪电结婚，因为没有考虑文化素养等问题，婚姻常经不起考验而痛苦不堪。来自社会的丛林学院的青年学生们，因佛法日久的熏陶，将世间私情升华为大爱，展现另一种真情。

三杯茶碗

三杯茶，热度顺序是“温、热、烫”，
杯子是“大碗、中碗、小碗”，
令人百思不得其解……

喝茶，喝出了什么？体悟了什么？现代人喜爱喝下午茶，因喝下午茶，有人喝出了诗文辞藻；有人喝出了是非；喝出了不当的婚外情，影响家庭；有人喝出了对于大地环保的意识提升等。品茶的心情各有不同，各有体会，然而从古至今，由吃茶中能够得到教育，受到影响，体会到文化素质的重要性，而派人远赴中原地区留学，学习汉语和中原文化，并进一步与唐朝文成公主联姻结盟，将唐代的深厚文化移植入西藏，开启西藏的人文政治武功，泽被后代子孙者，吐蕃著名的明君赞普松赞干布是第一人也。

赞普松赞干布得到茶的教育启发，源于有一次他外出狩猎。当时天气炎热，路上经过一座寺庙，因为口渴而入寺稍事休息。寺内的和尚[①]见赞普口渴的神情，立即奉上一大杯温茶。由于口渴

① 和尚：在六和僧团中确实奉行六和敬，成为一个高尚的人，始得成就。

难耐，赞普端起茶杯一饮而尽，如久旱逢甘霖般，神情立即为之爽朗。接着和尚又端出另一只中杯稍热的清茶，赞普含笑端起，一口一口徐徐啜饮，等喘息已定，便环顾四周，欣赏寺院景色。

最后和尚端出一只细小茗杯，并且有些微烫手的热茶奉给赞普饮用，赞普闻着茶香，深吸一口气，轻轻沾唇品尝茗茶，口中连连直呼："好茶！好茶！真是上等好茶！"在与住持稍作寒暄后，赞普一行便告辞而回。

当天的夜晚，月色清明，赞普便于月光下散步，忽然想起白天在寺院的情景，三杯茶的热度顺序是"温、热、烫"，杯子是"大杯、中杯、小杯"，百思不得其解。第二天一大早，赞普便来到寺院询问和尚，何故奉茶的顺序为"温、热、烫"，杯子有"大、中、小"之分？

起初和尚只是微笑不语，经赞普多次询问，和尚便开口笑说："赞普！第一杯茶，杯大茶温，是因为您非常口渴，让您立即解渴；第二杯茶是喝茶，杯中稍热；第三杯茶是让您品茗茶香，茶烫才能冲出茶味，杯子小用意在浅尝闻香。"和尚又说："顺序为温、热、烫，是因为您口渴心急气喘，必须先用大杯温茶来尽速解渴，中以热茶令喘息安定，最后气定神清时，再以烫茶来品尝，如果一开始奉烫茶给您，将会因气喘心急喝烫茶而伤及内脏，所以顺序需由温到热，再品烫茶。"

赞普听完和尚的话后非常感动，天下竟有如此有心智慧之士，能在细微之处，处处善解人意，体会他心，于是邀请和尚还俗共同来治理国家，但是和尚心意坚定在弘扬佛陀慈悲教法，合掌道谢婉拒，这令赞普对其以出世胸怀，关怀世间之有情更加敬佩。受此茶的教育启发，赞普成为一代明君，爱护人民，大量派遣优秀人才留学中原，将文化、教育、政治、经济、宗教等传入吐蕃，成就吐蕃灿烂光辉的文化。

一杯茶能喝出文化，一杯茶能喝出交流，一杯茶能喝出一颗佛心，由禅师们每日饭来吃饭，粥罢喝茶，我们由其中体会到了什么？在家庭教育里，父母亲如果不能从小对子女施予晨起扫地的教育，由日常泡茶、奉茶、吃茶应对中教育，培养子女们体贴他人、关心环境，愿意服务奉献的精神，那么他们长大了也很难能够关怀社会上的人群，包容异己。

笔者在澳大利亚服务近 10 年期间，见到的当地人士，从小就让孩子送报、整理花园、洗车、清洁杂物等，孩子们从小就要对自己的行为负责任，关怀社会，为大众服务，想到澳大利亚被誉为是人间最后两块净土之一，不全然是因为它的国土清净美丽，也是由于澳大利亚是全世界做义工比例最高的国家，全国的人民都以担任义工为他人服务为乐。尤其以 2000 年奥运会在澳大利亚举行时，有 5 万义工发心协助这场世界运动竞赛，最为人所津津乐道，澳大利亚人的庭训教育还是有其相当的意义的。

现代的家长们舍不得让儿女做事扫洒应对，视读书为未来唯一的出路，一味地向功利主义发展，如何能培育出健全人格的公民呢？父母们，请慎思。

探索阅读

品茗品心，三杯茶写下吐蕃赞普松赞干布与和尚的一段佳话。今人也喝茶论道并蔚为时尚，唯不见古人赏茶、赏人、赏心之高风雅致。

三车和尚

教育是一门心灵沟通的艺术，唯有师资相契，境界相等，
如伯乐识千里马之慧眼，如千里马之心甘情愿接受教育，
为能以心印心，相互成就……

佛门里有一首偈语："先以欲钩牵，后令入佛智。"是说有大慈悲、大智慧者以方便善巧法门，化度上等根基的人。

唐朝的一代高僧玄奘大师，千辛万苦留学 17 年，由印度取经回中国。在传播唯识教义的时候，他深深体悟到寻找一位传人，以推广弘扬唯识宗①的要义，是一件很重要的事。但是，能传法②的这个人必须是上等根器③、具有智慧的人，才能担当重任。如此的才俊要到哪里去寻觅呢？

玄奘大师后来看中当朝尉迟公的儿子窥基，便要求尉迟公答应让儿子出家。正当年少气盛的窥基，听说一位出家人要他出家，

① 唯识宗：主张一切诸法的体性、相状都是唯识所变，故将宇宙万有的一切现象分析其性相和体性，并加以组织化、系统化，所以称唯识宗，又名法相宗。

② 传法：广义上指传授佛法；狭义上特指传承法脉，或传付正法之仪式。

③ 根器：修道者能力有高下，故以根器喻之，俗谓学道者为有根器即此义。

便傲慢地说："笑话！我怎么会出家呢?"玄奘大师看出窥基是一位不可多得的人才，便很有耐性地说："我一定要度你出家！如果你跟随我出家，我就把唯识宗的教理传授给你。"窥基一听，鼎鼎有名的唯识学高僧玄奘大师，要将唯识思想传授给他，于是动了心，但仍然趾高气扬地说："你要我出家可以，但是有三个条件，你能答应吗?"

"有条件就好商量，请你开出你的条件吧！"

"第一，我所到之处，必须有一辆车子，装满美酒，任我饮用；第二，我所到之处，必须有一辆车子，载满美女，陪侍着我；第三，我所到之处，必须有一辆车子，装满书籍，随我阅览。"

求才若渴的玄奘大师听了，不但没有失望，并且满口答应说："所有的条件，我都答应你，你能知道要求一车的书籍，懂得求上进，很好！"大师的本意是"先以欲钩牵，后令入佛智"。因此排除众议，收他为弟子。

窥基虽然出家，但是每日仍然三车满载美酒、美女及书籍，当时佛门里坚持戒律的弟子们对于此事异常反感，讥讽窥基为"三车和尚"。在一片嘲讽讥谤的舆论中，除了老师玄奘大师的大智慧及慈悲包容外，唯一能接纳、拥护窥基的是当时持戒[1]最严谨有名的，并创立律宗[2]的祖师——南山道宣律师，他也非常爱护窥基。有弟子看不下去，就对道宣律师说："师父！为什么你老是看重窥

---

① 持戒：音译尸罗，六波罗蜜之一。持戒即护持戒法之意，与"破戒"相对称。即受持佛所制之戒而不触犯。

② 律宗：律，指佛陀随缘制戒的具体规范，乃因僧众不当行为而被动制定。本宗以律为所依，故名为律宗。

基这个不守清规[1]的佛门败类?”道宣律师说:“没有关系,他只是还没有完全断除世间的习气,有朝一日,他将会成为佛门的法器龙象,光大佛教。”果真,窥基没有辜负两位佛教当代高僧的期望,在他明了佛法的真谛之后,他再也不需要美酒与美女,他只需要经典书籍,以佛法充实心灵,这就是后来创立法相宗,造百部论,弘扬唯识哲学的窥基大师。

玄奘大师以权巧法门,使得窥基法师由“三车和尚”转变成为精通经律论的三藏法师,直至今日,无人批评玄奘大师滥开方便,反而赞美他慈悲宽宏,知人识才;无人驳斥窥基法师发心不净,反而称扬他及时改过,善莫大焉。

教育是一门心灵沟通的艺术,唯有师资相契,老师及学生都能相互了解,境界相等,如伯乐识千里马之慧眼[2],如千里马之心甘情愿接受教育,方能以心印心,相互成就,青出于蓝更胜于蓝。

笔者在澳大利亚从事教育工作时,在那段充当园丁,躬耕菩提幼苗的岁月里,也经常遇到一些资质优秀、聪慧调皮、有冲劲活力的学生,这些学生根基深厚,有思想理念,但是因世间习气[3]未断,往往一时无法接受规矩戒律[4],在老师及同学的眼中是一匹不受驯服的脱缰野马,此时更需要耐心引导,容许其有学习成长的空

---

① 清规:指禅宗寺院(丛林)组织规程及寺众(清众)日常生活之规则。

② 慧眼:指智慧之眼,为二乘所证之眼。了知诸法平等、性空之智慧,故称慧眼。因其照见诸法真相,故能度众生至彼岸。

③ 习气:又作烦恼习、余习、残气。略称习。由于人们的思想及行为(尤其烦恼)经常生起,其熏习于人们的心中之习惯、气氛、习性、余习、残气等,称为习气。

④ 戒律:指防止佛教徒邪非之戒法规律。戒,系以自发之心守规律;律,则含有他律规范之意义。

间，等待时机因缘[①]成熟时，他自然能明了老师的慈悲包容之心而悔改，自愿断除习气，创造许多的成就。

例如，刚到学院学习桀骜不驯的丽慧，是一位理路清晰、反应敏捷的学生。由于社会习气仍在，每周总要找许多理由在放香（佛门休息日虽放假，但学子仍然精进学习，称为“放香”）日下山去办事。因为经常请假出门，学务处老师不允许。当我见到失望的她，一脸沉闷的表情，就让她下山办事，也未点破她下山的目的只是去吃碗牛肉面、听摇滚乐，找个理由让她去办事之余满足其愿。终于在佛法的熏陶及耐心等待下，她渐渐革除了习气，从此以简单可口的菜根香素食及聆听自然心灵的乐章为乐，勤习佛法，后来成为一位杰出的弘法人才，为当地社会及佛教奉献良多。

回顾十几年来在海外披荆斩棘，宣扬佛法及中华文化的弘法时光，我之所以能够有耐性能包容不同根器的学生及同事们，其实都是受佛光山开山大师星云大师的精神影响。30 多年前，佛光山初创佛学院时，大师担任佛光山佛学院（即现在之丛林学院）院长。在生活方面，大师的要求十分严谨，但是在思想上，作风却非常开明。贪玩的学生，因为大师助他下山观赏溜冰表演，后来安住学业，努力不懈；好学的学生，因为大师为他护航夜读，从此更加精进，回馈常住；顽皮的学生，因为大师帮他掩饰无心之失而改过迁善，痛改前非；愚笨的学生因为大师和他一起玩球而恢复自信，自立自强。所以大师深感教育并非一成不变，最主要在契理契机，双

① 因缘：为因与缘之并称。因，指引生结果之直接内在原因；缘，指由外来相助之间接原因。

方知进知退。

由玄奘大师到道宣律师，乃至现代的星云大师，他们都是一代知人识才，有大慈悲智慧，有方便善巧的伟大教育家，因此能造就佛教许多杰出的人才，创造辉煌的历史。

探索阅读

《论语》中的“不愤不启，不悱不发”展现了孔子的教育法，《法华经》法华七喻则将佛陀的教育理念从不同层面切入，而从《信解品》的长者穷子喻中，我们看到佛门循循善诱、引导启发的教育法，开发出穷子内在的佛性。

灿烂琥珀

每个人都具有如琥珀般独一无二的特质及潜能，甚为稀有难得，
我们应当自己开发潜能，自我教育，发挥特质，方能圆满自己的生命。

您可能知道各种材质所形成的琥珀，但您可能不知道人世间有个“琥珀人”。

佛光缘美术馆执行长如常法师送给我一本小册子，是张宏实先生写的《如何鉴定琥珀》。书中详细说明琥珀其实大约是3 000万年前古松树流出来的松脂，因为地壳变动埋于地层底下，受岩层高温高压作用而形成化石，无论琥珀透明与否，其形成至少需要几千万年的时间。

书里也介绍了许多琥珀，有晶莹剔透如黄水晶般，有火焰般的赤红，有彩色相间的花珀，还有外观如黑强光照射如透红的意珀，有樱桃般鲜红欲滴的樱桃琥珀。其他灿烂的琥珀如金珀、血珀等，其中最令人觉得不可思议的是内含小虫的虫珀，有许多小昆虫在瞬间被松脂包裹在其中，不知当时这些小虫是否很惊慌？

宝石般的琥珀稀有难得，人人喜爱，但世界上唯一的“琥珀人”

是在德国的一个著名旅游城，每年吸引成千上万来自世界各国的旅游者相继来参访。

“琥珀人”是一位名叫赫尔作特·彼得夫的淳朴农夫发现的。有一天他抡起开荒镐，突然迸出火星，这一镐把埋藏在火山灰烬中近两千年的死亡小镇变成了极富吸引力的旅游名城，这一镐也改变了彼得夫的命运。

公元 79 年 8 月 24 日子夜，德国浪漫而美丽的山乡小镇丘培居突然发生火山爆发。炙热的岩浆从镇中心火山口喷出 200 多米高，以迅雷不及掩耳之势，淹没了 2 万人的鲜活小镇。只有沃尔夫冈·汉高森一家三口夺命而逃。

汉高森家是全镇的最高点。火山爆发时，汉高森惊慌地拉住妻子和女儿的手拼命往山上逃跑，三人哭叫着、颤抖着。石房随着火山爆发猛烈地摇动，脚下的地面像翻了个儿。随着一阵旋风和一声毁灭性的巨响，石房顷刻翻转倒塌，坠落的屋顶石梁砸伤了汉高森的双臂，妻子的右腿被石柱砸断，被双亲保护的女儿则安然无恙。汉高森被震出 4 米多远，妻子横卧在女儿身旁。他们在昏迷中被岩浆浇铸四十厘米厚，成为这次火山爆发中最后的死亡者。

待火山平息后，三具尸体逐渐埋入泥土和乱石中，经过 1 912 年的风化，成为不同于木乃伊，又区别于化石的“琥珀人”。三位“琥珀人”二横一竖，罹难时丈夫拼命保护妻子、女儿的姿态栩栩如生。这瞬间的爱情和亲情却是伟大而永恒的！“琥珀人”凝固成神圣而美丽的塑像和不朽的史诗，令后人怀念和景仰。

“琥珀人”出土的时间是 1991 年 5 月 14 日清晨。它表面包了一层石头，内层有人肉和尸骨。文物局决定要把“琥珀人”收归国有，于是发给“琥珀人”发现者彼得夫一笔可观的奖金，但他拒绝了。他突发奇想：建议文物局把这笔奖金作为开辟丘培居火山爆发“琥珀人”旅游城的第一笔基金，并把全家积蓄的5万马克也捐献给基金会。

彼得夫于1992年被文物局推选为丘培居“琥珀人”旅游城的董事长和总经理。经过5年多的建设和开发，这座曾被火山吞噬的小镇已经成为初具规模的旅游名城，来自世界各国的旅游者络绎不绝。

人人喜爱琥珀，却没有人想成为“琥珀人”。近两千年的时空流转，由于农夫彼得夫的一镐发掘了“琥珀人”，使我们得以了解汉高森全家伟大而永恒的爱情和亲情！相较于近日台湾社会上某些父母亲因为失业或缺乏谋生能力，而携子女一同自杀，完全不顾及子女的生存权，这种占有式的爱及亲情，与汉高森全家互相保护彼此、成就对方的爱相比，实在有天壤之别。

而彼得夫虽是一介农夫，却怀抱一个伟大的梦想，无私地奉献，将奖金捐为旅游城基金，带给当地居民无限希望，造福了乡镇，嘉惠了德国社会。一个平凡的农夫却有超凡的思想，一个念头成就了一段殊胜的因缘，造福无数的人。

《维摩诘经》云：“心净国土净。”一个人心量多大则成就就有多大，每个人就如佛陀在2 500多年前证悟时所说：“奇哉！大地众生皆有如来智慧德相。”我深信每个人都具有如琥珀般独一无二的特质及潜能，甚为稀有难得，我们应当自己开发潜能，自我教育，发挥特质，方能圆满自己的生命，因为我们是自己命运的主宰者。

探索阅读

越是稀有珍贵的宝石，越有更多的人想拥有；越是灿烂的琥珀，越是需要时间、环境、因缘的促成；越是可歌可泣，值得歌颂的伟人，都必经过一番磨炼，才能具有高超的人格。没有牺牲奉献的思想，就没有超凡入圣的境地。

芍药使者

芍药也会开花吗？谁识？
宫本武藏由芍药花中获得启发，观察入微，
融会贯通各种事物，后来被誉为日本的“剑圣”。

丛林学院开学几天了，一位新生同学问我，为什么佛门过堂吃饭有如此多的规矩呢？要走路、排班、等候大众入席，用餐前后要合掌，唱供养咒、结斋偈，捧碗要龙含珠，手持筷子要凤点头，吃一顿饭需要如此大费周折吗？言下之意颇埋怨繁琐的细节。于是，我对她讲了芍药使者的故事。

剑客吉冈传七郎游历天下，探访各派名师学艺。有一天去拜访当时著名的一代剑道宗师石宗斋，请求他传授绝技。石宗斋认为他的资质不够，心浮气躁，不愿收他为徒，以身体不适为借口推辞，为表达歉意，用短剑砍下一枝盛开的芍药送给他。当吉冈收到花，淡淡地说：“京都的芍药也会开花吗？”不屑地丢弃而去。

当天晚上一个孩子捡到这朵盛开的芍药，送给了宫本武藏。当他把玩这枝花时，仔细观察被砍下的树枝切口平滑利落，既不是用剪刀剪，也不是用小刀切下，判断是用短剑砍断，而且砍下的姿势及握刀的角度和切下的力道，都是和敌人对决时应掌握的要点，由芍药花的启发，宫本武藏非常注意小事，观察入微，融会贯通各种事物，后来被誉为日本的“剑圣”。

宫本武藏之所以能成为日本历史上最有名的剑道高手，所向无敌，是由于受到当时泽庵和尚的教育。他 7 岁时父亲过世，成为孤儿，辗转流落在众亲戚家，不知生之意义，冥顽不化，恶贯乡里，连警察也拿他没有办法。

17 岁后，他远赴关原之战，死里逃生，泽庵和尚把他抓起来，捆吊于千年杉树上，大热天里被太阳晒，下雨时让雨淋。他在树上大骂：“坏和尚！恶和尚！”骂得再大声，泽庵和尚还是安闲自在，而且又把他关起来囚于天守阁中，他暴跳如雷，捶打墙壁，但是时间久了，没有力气打，也没有力气骂了，凶残暴戾之性没有了，茅塞顿开，寻获生命的意义，后来成为一个脱胎换骨的人，养成修习武道不屈不挠、坚毅奋斗的精神，这就是泽庵和尚教育的成功。

送一朵花，是非常平凡之事，只是有谁能领会其含义，如释迦牟尼佛在灵山会上拈花微笑①，百万人不得领会其意，只有大迦叶尊者破颜微笑与佛陀以心印心，妙契真理，开展了禅宗之始。

在丛林里，重视生活与思想的教育，所谓“严谨的生活，开放的思想”，由闻、思、修入三摩地，启发学生自由地思想；但是在生活教育里，要养成作务实践的力行，生活比思想教育还重要，而生活教

① 拈花微笑：指佛陀拈花示众，迦叶尊者因了悟而破颜微笑之典故。全称拈花瞬目破颜微笑。后世引申为默然两心相通之意。

育中着重解行[①]并重，强调行住坐卧的四威仪[②]，所谓“三千威仪，八万细行”[③]。由排班上殿到过堂吃饭，点点滴滴要求细节，由小至大，由缓到快，慢慢培养出庄严威仪的气质。丛林的学习之道无他，唯有耐烦用心，由小处着眼，大处着手，时时用心，注意细节，自然能心领神会，融会贯通，诸君仁者，能行否？

探索阅读

懂得领略平凡的人，能在当下一念创造生命，转化生命；能常持净心的人，随时都是赏花的好时节；芍药花的启发，因为有观察入微的力道，才会有融会贯通的结果，“剑圣”之誉岂是侥幸获得。

---

① 解行：智解与修行之并称。指由见闻学习而知解教理，进而实践躬行所知解之教理。了解佛道之真理（智解）与观心修行之实践行，乃是相因相资。

② 四威仪：指行、住、坐、卧四种威仪。为比丘、比丘尼所必须遵守之仪则，行如风，坐如钟，立如松，卧如弓之四威仪最为重要。

③ 三千威仪，八万细行：佛弟子持守日常威仪之作法。行住坐卧要有威德仪则，称威仪。

用心打水

人都会打水，也都知道井里的水，表层、中层、下层的温度不同，
但除非用心，有“体谅关怀别人的心”，
否则很难有像茉莉夫人“打水的智慧”啊！

自古以来老师们对学生都是一样地用心教导，所谓“师父领进门，修行在个人”。

《法华经》里说：“佛以一音演说法，众生随类各得解。”具有菩萨根性的人，听的是自利利他的菩萨法；具有阿罗汉根性的人，听的是解脱生死的声闻[①]法。说法是一，受教有异，受教的态度决定教育的成果。

大抵一个人的成功都是取决于学习的态度，例如，六祖惠能大师初见五祖弘忍时，弘忍讥讽他：“南方獦獠也有佛性[②]吗？南方獦獠身怎可做佛？”惠能回答：“人虽有南北，佛性本无南北。獦獠

① 声闻：意译作弟子。为二乘之一，三乘之一。指听闻佛陀声教而证悟之出家弟子。

② 佛性：又作如来性、觉性。即佛陀之本性，或指成佛之可能性、因性、种子、佛子菩提之本来性质。为如来藏之异名。

身与和尚虽然不同，佛性有何差别？”惠能不因讥讽而自暴自弃，仍随众作务，参修心地，最终仍得法于黄梅弘忍大师，在猎人堆里潜藏16年后，成为禅宗六祖。

在《四分律》中记载了一段故事，黄头婢女因持饭供佛而成为波斯匿王的第一夫人，并闻佛说法证得果位，说明不分尊卑贵贱，只要努力，皆能成就。

茉莉夫人本是舍卫城中一大姓婆罗门耶若达的婢女，名叫黄头，职司看守茉莉园。

当黄头进入茉莉园任职不久，波斯匿王出外打猎，天气燥热，觉得很疲乏，看到前面有个园林，就把车子停在外面，走进园中。这时，黄头遥见来人举止庄严，气宇非凡，就趋前迎接道：“大人！请这边坐。”她除下身上一件衣服敷在座位上面。黄头见国王疲惫不堪，立刻到井里取水为国王洗脚，国王洗脚时，觉得水温温的，很舒服！国王又说：“我想洗脸，再拿水来！”黄头立刻再去井里取水，水稍凉，洗起脸来舒畅无比！

洗过脚擦过脸，全身轻松，即想要喝水，国王对黄头说：“我口渴了，想喝水！”于是黄头又到井里，取来冰凉剔透的水，波斯匿王一喝，好清爽甘醇哦，一饮而尽！

这时，国王满心欢喜，他问黄头：“为什么你三次拿水给我，温度是不一样的？”

黄头恭敬地说：“大王，您洗脚的水，我是取井里阳光能照射到的表层井水，比较温暖；您要洗脸的，我是取井里中层稍凉的水；而您要润喉止渴的水，我就取井里最底层、最冰凉的水！”

波斯匿王看到黄头容貌秀丽、聪明灵巧，心里很是喜欢，心想：

“此女心思细腻，用心体贴人意，最适合做我的王妃！”于是，着人打听黄头的身份，随即决定，把她带回宫里，册立为妃。黄头入宫后，遍习宫中诸般礼仪、技艺，无事不成，波斯匿王对她愈加爱敬。后来，更立她为500位夫人中之第一夫人，因其来自茉莉园中，即称她为“茉莉夫人”。这就是佛教里有名的茉莉夫人。

人人都会打水，也都知道井里的水，表层、中层、下层的温度不同，但除非用心，有“体谅关怀别人的心”，否则很难有像茉莉夫人“打水的智慧”啊！

最近丛林学院举办弘法口才训练课程，来自拉达克的两位法师表现优异，令人欢喜赞叹。才几年的学习，能说出如此流利的中国话及精湛的佛法，可见印度的同学们十分用心学习，不愧为佛陀的弟子。人不论出身，只要努力，肯虚心受教，坚持不懈地学习，都能成就一番事业。看到来自印度拉达克的同学们无论在家众、出家众都精进努力研读，甚为欢喜，期待他们早日学成，能回到印度将佛法弘扬光大，普照全印度。

探索阅读

佛门有句话：“师父领进门，修行在个人。”

星云大师云：“决心可以使人不致半途而废；毅力可以使人走上成功之路。”

只要功夫深，铁杵磨成针，婢女也能成为王妃。

百年树人

“十年树木，百年树人”。
种一棵树，要注意根本的扎实，
教育一个人，要先将人格特质培养。

一次与本山各单位的法师们一行八人前往日本开会，由清晨高雄出发到桃园机场再转机大阪，一路舟车奔波，直到傍晚终于抵达佛光山的大阪道场。徜徉在景色宜人的花园里，顿时忘记所有旅途的劳累，尤其见到花园里那棵 500 年的罗汉松，苍郁有劲，树形展翅如凤凰般翱翔天际的丰姿，洒脱自在，就觉得一切的辛苦都化为乌有。

这座优美的花园太令人兴奋了，我迫不及待地满园巡礼一番，惊讶地发现后花园里有一丛丛的竹林挺拔高耸，冒出许多竹笋，显示强劲的生命力。中午大厨用心地挖了笋，现成地煮一锅酸菜竹笋汤，入味清甜，丝丝的暖意，甜得沁入大家心田，想起苏东坡所说“无竹令人俗”，就觉得中国人真是最会过生活的人，处处随缘惬意。

隔日清晨禁不起花园的诱惑，一大早在不惊扰大众之下，溜出房间，蹑手蹑脚地步下木板的楼梯，投入这座精致典雅的花园怀抱里。雨滴答地下着，撑着伞，在道场里散步，“我来了，大家早安！”艳丽的樱花，久违了的南天竺、杜鹃花、日本小枫叶、紫藤……树木花草都欣欣然地向我迎新道喜。

突然间发现盛开正美，最大朵的白色牡丹花已经折翼下垂，第一个念头想，是谁如此残忍辣手摧花，继而又想，如果真是采花大盗的雅贼所为，花枝早就不在了。乍然想起，昨日由机场回道场途中的大风，几乎要关闭关西大桥，这是被风折断了。既然如此因缘，就回室内找把剪刀，将花剪下送到佛前供养佛陀吧！也可以让十方信众（未来佛）也欣赏到这朵洁白的牡丹花。转念一想，觉得幸好今早睡不着觉，一大早出来溜达，方能捡回一朵美丽的牡丹花，除了可延续花儿的寿命，更能供佛，好不令人欢喜呀！

连开数日的会议，师父征求大家的意见，是否去看高野山的杉树林，我也是个树痴，一听到要看大树当下就鼓掌称好，全场也一致通过。隔日清晨驱车前往日本最著名及历史最古老的真言宗的总本山即高野山一游，一了大众之心愿。其实弟子们都知道，师父哪里要旅游，几十年前他老人家就担任“中日交流协会”的会长，已经来过数次，只是要借机会慰劳大家，让大家有机会出去参学罢了，唉！师父就是如此地体谅别人，关心他人之需。

多年来在佛光山上看到师父种植的许多成林的树木，知道师父最爱大树了，看到树就看到师父的心，宝桥边及龙亭旁各有一颗当年师父救活的小树苗，如今也已茂绿成荫。1967 年，师父在大树乡购置一块麻竹山地，兴建东方佛教学院，并且在校园内亲手栽种了 18 棵榕柏，以纪念寿山佛学院第一届学生中的 18 位出家众，全始全终，与大师同甘苦，共患难的“历史”。

曾经在山上有一个不成文的规定，如果擅自砍树要以家规来处分，当时年纪还轻，觉得为什么要那么严格？后来自己到海外建寺，种树的辛苦及日日期待的心情，方体会出“前人种树，后人乘凉”的菩萨心。

唐朝有一位郭橐驼善于种树，所种之树，无有不活，甚至比别人所种的树更早开花结果。有人怪而问之，他说，我只不过随顺树木的习性发展而已！例如树根要有舒展的空间，培土要均匀，移植时要保留根部的旧土，泥土回填时要密实，种好后就不要再去动摇树根，如此而已。植树如此，教育人更要视才识性，因材施教，方能将人教育成功。

“十年树木，百年树人”。种一棵树，要注意根本的扎实，教育一个人，要先将人格特质培养。早在1963年，佛光山尚未开建以前，大师即已开始设立佛教学院，于僧伽教育之发展可说不遗余力。

前几年为更进一步实现教育培才的理念，达到提升佛教水平的目标，更援用此办学经验为基础，创建佛光大学、南华大学、美国西来大学。

这几年来又积极筹备澳大利亚的南天大学，大师对教育的心愿如穹苍、如大海之浩瀚，无私无悔地付出，正如过去的禅师植树，虽然也许看不见树长大，享受不到果实，但成就不必在我，但求为后世子孙开创一片天地；有树木、有花草、有微风、有鸟的极乐净土，让众生歇息，长养身心。

探索阅读

慧眼识英雄，是一个教育者应具有的天眼；识才而教，深信“天生我材必有用”是一个教育者应有的信念，如此才能如善于植树的郭橐驼，随顺树木习性而让每一株树木都能成为栋梁。

阅读生命

阅读一个人的历史，就是阅读一个人的生命。
透过阅读“人”这本厚重的大书，
心智被充分唤醒与启发，潜能得到自觉开展。

刚回学院就职时，因为办公室尚未腾出，经常到宝藏堂去歇脚，几天之后，就决定在宝藏堂办公，并请义工制作一座小楼梯，以便能走到阳台上，欣赏六十坡的景色。

每当工作忙碌时，不经意间，树上的小松鼠，总会顽皮地飞奔过阳台的栏楯，仿佛提示我“该休息了，走出来吧”！此时我总会信手取一杯薰衣草茶，踏出办公室，坐在阳台上放松心情，开始我一天中最适意的阅读生活，阅读大自然的生命。

犹记得出家前，最爱在窗下看书，尤其是下雨时，聆听滴滴答答的雨声，书声、雨声、读书声，就度过一个悠闲的下午；回到学院，办公室外的阳台，成了我的最爱，我喜欢在此，和好友或老师们，畅谈云水①生涯，冲泡一壶好友赠送的铁眼茶，茶味、书味、清香味，

① 云水：又称云水僧、云众水众、云兄水弟、行脚僧、云衲。指为寻师求 （转下页）

我不禁沉醉于一代高僧铁眼和尚的灿烂生命法味中。

在所有书籍阅读里，影响我最深，受到启发、寻求生命的意义，并立下出家的志向，应该就是属当代佛门人物及高僧传记。透过高僧历史的传记，让我去阅读一个个超越的生命，每位高僧及大德们高贵的人格及不凡的风骨，均令我感动而生起效法之心。

像铁眼神僧的一生，为刻印经书，坚持不懈地到处化缘，以十余年努力辛苦所获得的净财，为了饥荒，拯救无数的生命，全数净资散尽救灾。第二次已有一点基金刻印，又逢当地灾难，他毅然再次捐出募款所得，协助赈灾。经过20年的努力，到第三次，才将经典刻印出来，经典刻印出来的当日，在他最后一眼见到印出的经文后就往生了。这样的生命，积一生之岁月，只为了完成一项梦想，真令人动容，他生命的坚毅及韧性，无怪乎日本人说，铁眼神僧一共印了三部大藏经，前两部比第三部更深刻地印在人心里。

鉴真大师历经五次失败，12年方渡海成功，登上日本的国土弘扬戒法及引进唐代各种文化，而成为“日本文化之父”。玄奘大师通过八百里的流沙，翻越火焰山，突破重重关卡，九死一生地渡过险境，到达印度。17年的艰难留学生涯，也令我感动其对生命的坚持。

弘一大师在人生高峰点最灿烂时刻，舍弃世俗之一切，毅然走上持戒严谨的修道生涯，处处都是辉煌的生命历史，其人格得以璀璨剔透，闪耀光芒，让后世的学子赞叹效法，吾虽不能至，心向

(接上页)道，至各地行脚参学之出家人。以其居无定所，悠然自在，如行云流水，故以云水喻之。

往之。

生命存在的价值是什么？不同的生命，不同的意义及价值，阅读生命，了解到“丈夫自有冲天志，不向如来行处行”，使我觉得人间永远有希望，到处有善知识，诸佛圣贤无所不在，只要坚持到底，都能走出一条自己的光明大道。

阅读一个人的历史，就是阅读一个人的生命。通过阅读“人”这本厚重的大书，心智被充分唤醒与启发，潜能得到自觉开展。同样地，在丛林学院里每日陪伴学生研读，也是阅读一个个活生生的生命，由同学经行走路间，由低头合掌中，由唇间张合吟唱祈颂梵呗①里，阅读出美丽的心灵与灵魂。在喧嚣的时代里，他们平静与坦然的面孔，我仿佛看到了观音菩萨展现的千手与千眼、慈悲与智慧。

我喜欢阅读那颗美丽、真诚之心及善良的双手。阅读同学的生命让我的生命也启动出活力与欢乐，保持着灵魂的操守与心灵的自净。阅读自己的生命，阅读他人的生命，由阅读他人生命到自我的生命原来是一体的，是同体共生的，自他一如，真美好！

探索阅读

生命存在的价值到底是什么？不同的生命，不同的意义，有人积一生的岁月，只为了完成一项梦想，这样的生命岂是令人动容而已吗？你仔细阅读过自己的生命吗？

---

① 梵呗：以曲调诵经，赞咏、歌颂佛德。

出家情深

“好，我在车站等你。”近乡情怯，乍听这好熟悉的一句话，内心之激动，就如那首《系黄丝带在老榆树上》中的游子回家一般，起伏不已……

自澳大利亚返台半年多，因公务繁忙，始终没有时间回家探视家人，趁着到台北公务之余，终于抽出一点时间由松山搭“自强”号列车回家乡一趟。因兄弟姐妹都不在家，母亲表示家里没有轿车，要我自己抵达火车站后搭出租车回去。

离开家将近20年的时光里，第一次搭火车回家，其实有一种想回味当年搭车上学的心情。车程刚过中坜不久，便接到妈妈打来的电话，询问我人已在何处？我回答她刚由中坜发车，等一会就会抵达。妈妈说：“好，我在车站等你。”近乡情怯，乍听这好熟悉的一句话，内心之激动，就如那首《系黄丝带在老榆树上》中的游子回家一般，起伏不已。我愣住了一会儿，压抑住激动的心情，告诉妈妈待会见。

回想到过去刚出家修道，家里一半反对一半赞成，从妈妈的不舍与担心，到姐姐及弟弟的责怪，在头两年内心冲击实在相当大。9年前我及小弟弟相继前往澳大利亚、加拿大，妈妈说：“一个南半球，一个北半球，就这两个小的，让我追得好辛苦呀！”这么多年过去了，她也随着我们两人跑遍了南北半球。9年后，奇妙的因缘，我们又不约而同相继回到台湾这块生长的土地上。

第一次搭车归乡，有一份激动的心情，想到刚出家时母亲对我的不舍，由反对到赞成、支持，甚至现今的引以为荣，这一段历程仿佛昨日梦境般似真似幻……对母亲，我有着一份特别深的情怀。记忆中母亲是我的闹钟，偏爱清晨读书的我，母亲每天准时5点钟叫我起床、洗脸、读书，在清凉宁静的清晨里，遨游书海，深入古今，获得一片天地。傍晚下课时，妈妈总在家里等待着我，准备一桌暖和丰盛的晚餐。“我等你”三个字是多么甜蜜温馨的亲情。因此，“我在车站等你”这句话令我强忍住那溢满泪水的眼眶，赶紧低头阅读手上的书籍，不让四周的旅客看出我的异样。

下了火车，步出车厢，寻找月台的方向，崭新的天桥，好陌生的景象！慢慢走出天桥，一抬头发现我最熟悉的身影，妈妈兴奋地提了水果向我招手，引领我进入出租车里。大哥、小弟在妈妈的召唤下，相继由台北、桃园放下手中的工作直奔家中。从小弟的自信流露中，发现他成长了，知道自己的目标；思想成熟了，开始关心周遭的人。大嫂及大姐、二姐前往真光教养院担任义工，无法赶回，却一一来电与我谈话，大哥说：“家里的人最近更加关怀彼此，虽然相隔东西，为生计而奔波，目前家人的共同愿景，除了工作之外，对社会更关怀，更关心大家彼此的健康、亲子之间的互动等。”令我惊讶地发现是，过去大嫂与大姐彼此甚少接触，现在却偕伴一起去当义工，是什么力量让彼此改变了？

10多年前，当我在美国弘法时，半夜三更接到父亲往生过世的消息，大哥冷静分析，母亲慈悲包容，要我不必赶回台湾，一切由常住及家里的兄弟姐妹处理后事，对他们的体谅与正知正见，成为我弘法路上最大的动力。多年来，家人一再支持我服务社会、奉献大众，日日满怀着家人的期盼与祝福，我怎能不把握当下因缘好好修道，而让全家人失望呢？出家要出个好家，要把出家人做好，要以常住、社会大众为主，不以私情为重，如此的真情与大爱，体谅与包容，让我在走到世界的每一个角落都能安住身心，为佛教、为众生奉献，感谢家人以精神力量鼓舞着我。

相聚终须离别，抚触妈妈的肩膀，向她道再见，一转身，瞥见大哥深情拥抱妈妈，妈妈陶醉在大哥的关爱中，突然发现，离开 20 多年，虽然彼此时空相隔，但依然关怀心系。过去是亲情浓厚，但是牵肠挂肚；现在是一种无牵无挂的真情流露，从过去的家庭之情，到现在扩大到对社会、国家及众生的生命关怀，成就彼此，谁说出家无情，出家情更深，更浓厚。

出家真好！出家无家处处是家，出家深情情更浓，感谢家人的成就。

最近学院里有些同学发起了道心，提出剃度入道的申请书。望着一张张诚挚渴求的面孔，不禁令我回想起出家的心路历程。当年在工作闲暇之余，学习禅修、研读经典中的禅悦法喜，让我兴起求法学道的意念。在丛林学院的就读日子里，更发起“但愿众生得离苦，不为自己求安乐”的愿力，我愿将这一生奉献给众生，为大众服务。10 多年一路走来，虽然也经历许多挫折与困境，但是所获的法乐和喜悦日日增上，心越来越清明。

对于同学们是否出家入道，学院一向采取自由选择。大师办学 40 年来，佛学院秉持着为社会、为佛教培育人才的理念，随个人的因缘及性向而决定，不勉强出家入道。对于申请剃度的同学也要在观察了解后，经各种严格审核，方才予以通过剃度。

出家要有出家的性格，如出世心、慈悲心、爱道心、普利社会大众心，因为没有这种发心，容易在大众中流失。学佛不一定要出家，在家也一样，如果出家了，对世俗仍贪爱，那出家就很辛苦了。人在世上对“需求”永远不能满足，心中拥有三千世界[①]的满足感，才能出家。出家非逃避社会，更非情场、商场或官场上失意才出家；出家乃发大心、为断除烦恼、为普度众生、为弘扬佛法、为了生脱死，出烦恼之家。

在出家人的内心里，真理的法财[②]比物质好，内心的富有比外财好，出家的生活可以超然物外，不必受役物形。

“不要随便出家！”“不要轻易出家！”但出家必定很好。

探索阅读

语云：“莫嫌佛门茶饭淡，僧情不比俗情浓。”世间的情爱虽浓，却是牵肠挂肚、魂牵梦萦，是烦恼之源；出家，对世间仍有情，但展现的是洒脱、自在与扩大，无他，只因“以智化情”“以慈作情”“以法范情”“以德导情”，故在其淡处更见其深。

---

① 三千世界：系为古代印度人之宇宙观。又作一大三千大千世界。

② 法财：为“世财”之对称。即指佛法、教说等。盖精神之教法能滋润众生，为众生长养慧命之资粮，犹如世间之财宝，故喻称为法财。

慎始敬终

《谏太宗十思疏》云："忧懈怠，则思慎始而敬终。"

禅门也云："至道无难，唯嫌拣择，但莫爱憎，洞然明白。"

学习之道无他，唯"勤"字是成功之要。

唐代魏征在《谏太宗十思疏》云："忧懈怠，则思慎始而敬终。"说明世间万事起头难，凡事自始至终都抱持谨慎小心的态度，不苟且懈怠，不屈不挠，则一切事皆能成功。

星云大师也常说：一件事能坚持做 30 年以上，堪称了不起、伟大。然而，在社会上经常看到年轻人天天发愿，要养成良好习惯，要勤劳读书，要认真工作，往往不到 3 天就放弃了，不断在懊恼里度日，蹉跎时光，荒废大好生命岁月。

日本的铁眼和尚，为了让大众能有经典可以研读，发愿刻印日文大藏经，四处劝募善款，以筹集刻印资金。

有一天他站在热闹的街口，手持着钵，向过路的行人寻求喜舍。第一个见到的是一位武士，铁眼和尚微笑地向他乞求布施，武士见状，故意装作没有见到，快速地走过，铁眼和尚拿着托钵，不死心地跟着武士走了一里半路。武士不得已，面露厌恶，粗暴地说：

"讨厌的和尚。"说完从口袋里掏出一文钱丢进钵里，铁眼心里非常高兴，露出兴奋的表情，不断地向武士鞠躬致谢："谢谢，非常感谢！"

铁眼和尚的举动令武士疑惑不解，便问道："你跟着我走了一里半的路，只得到我给你的一文钱，还这么愉快，到底是怎么回事？"

铁眼和尚笑眯眯地说："我发愿刻印佛经必须向人劝募，筹集资金，今天是我乞求喜舍的第一天，你是我遇到的第一个人，如果我没有向你募得到钱，我的内心必定感到失望，说不定以后就会犹豫灰心，干脆放弃不再化缘[①]，刻印经典就会无法完成。所以不论你给我多少，我都心生欢喜，至少我会继续募款下去，我为此感到高兴。"武士听了颇有所悟，后来一改态度，更欢喜地护持赞助，支持刻经的文化事业。

《大戴礼记》云："正其本，万物理，失之毫厘，差之千里；故君子慎始也。"做每一件事果真能下定决心，坚持理想目标，数十年如一日，则何须忧愁达不到目标呢？

禅门也云："至道无难，唯嫌拣择，但莫爱憎，洞然明白。"学习之道无他，唯"勤"字是成功之要。万里的路程，都是始于今天的一小步；万卷的书籍，都要从今天开始逐字地阅读下去。慎始敬终，实是勤学、就业、做人的不二法门。

丛林学院今晚在檀信楼举行开学典礼，看到每年有许多的同学，放下世俗的享受及欲乐，进入学院学习佛法，不禁为这些莘莘

---

① 化缘：为募化、劝化之意。

学子欢喜喝彩，但也挂念大家能否慎始敬终。因此特别叮咛、勉励大家，希望每个人在修学期间，都能立下志向，谨慎于开始，把握当下，精进用功学习。未来能为社会服务，学佛行佛走向世界，实践佛陀的入世精神，洒播慈悲与智慧的种子。“慎始敬终”是新学期我对同学们的深深期许。

探索阅读

忠于选择，有义无反顾奔向理想的勇气，更要有接受考验的决心，成功与失败但存一念，坚持“无后退之路”，就没有不能迎刃而解的困难了。

潜能开发

自我潜能开发，把创意视为生活的一部分，
当作一种习惯，有组织、有计划地做好资料整理，
才有源头活水来。

有一篇报道，据俄罗斯的潜能研究专家研究所得，一个人只要用潜能的50%，就可以精通40几个国家的语言，还可以得到10个以上的博士学位。

现代流行潜能开发，一般人常将潜能视为一种内在的具体之物，好像放在口袋里的资源，只要高兴就可以随时拿出来使用。事实上潜能并非存在于人体内某一处，而是存在于人与人之间或个人与环境之间，就像引力是物与物之间的一种关系，潜能乃是人与人或人与物之间的一种关系，不是我们在使用潜能，而是有外在的人或物将我们的潜能呼唤出来。

一个人的潜能往往是无法预见的，有些人看来像一块顽石，但却是璞玉，在没有大放异彩之前，谁也无法得知他是"石"还是"玉"！

达尔文幼年家境富裕，父亲提供给他最好、最完善的教育，但

他却心不在焉，对学习毫无兴趣，整日游手好闲，打猎、遛狗、抓老鼠，曾经被父亲斥责为将自取其辱、使家庭蒙羞的浪荡子。后来在剑桥发现了自己对自然史的喜爱，开始到乡野漫游，收集一些昆虫。有一天在一个植物学教授的建议下参加环游世界一周的科学调查活动，使他大开眼界，心性大变，后来他根据这次航行观察所得，提出了震古烁今的“进化论”。

哲学家弗莱曼在哈佛大学读书时，同学都是一时俊彦，大家的智商都很高，数字化的智商似乎是他们潜能的具体保证，同窗们也都抱持着天生异秉的心理，态度很自负。但这种自负在进入大一时很快就受到挫折，因为他们发现：莫扎特 17 岁时就创作了不少传世的交响曲，诗人艾略特 17 岁时就写下《普鲁福罗克情歌》的伟大诗篇。莫扎特与艾略特的智商并不见得比他们高，但是他们在 17 岁时却一事无成。

弗莱曼最尊敬的大师布柏经常说：“我希望人们经常问我一些问题。”因为在别人提出问题时，某种原本不存在的东西即会通过思维出现在我与他之间，这种人与人之间或人与大自然的新关系中，能激发布柏所谓的“智慧潜能”，因此，“动脑”需要“会议”中大众的脑力激荡，方能激发出智慧的火花。

究竟潜能要如何开发呢？

有一个酒鬼，喝得烂醉如泥，走到坟墓旁边，不小心掉进一个准备隔天放棺材的大坑中，怎么爬也爬不出来，心想：算了，明天再爬吧！不一会儿，听到一个声音，原来另一个酒鬼也掉下来了。前面的酒鬼打算静观后面的酒鬼如何爬上去，岂知后面的酒鬼也是烂醉如泥，爬了几次还是爬不上去。前面的酒鬼看了不忍心，迸出一句话:“老兄,别费力气了!”没想到后面的酒鬼听了这句话,一下就蹦上去了!心想:这里怎么会有声音,莫非是“鬼”!人类的潜能真是不可限量。

禅心在艺术家而言就是创意,创意的发现过程不是漫无目的、天马行空,必须用“眼耳鼻舌身意”六根下苦功夫,勤手动,耳朵谛听①,慧眼观察,用心思维方能将潜能开发出来。

写作的人开发自己的潜能,不是等着创意来临,而是养成良好的阅读习惯,经常记录每日所思所见,及时整理各种资料。杂志的编辑通常有剪报的习惯,一段故事、一张照片或是一幅插画,这已经成了他每天必须做的一件功课。他只是不断地搜集,他知道总有一天会需要这些资料。这些剪报就是他的创意资料库。

一个艺术家也是不断地观察大自然或生活中的点点滴滴,将其记录下来,日积月累,不间断地创作,待时机因缘成熟,灵感的火花一闪,就能创作出好的作品。

任何大的创意都是由无数的小创意积累与衍生而成。音乐家如才气纵横的贝多芬也不是凭空创作出多首撼动人心的作品。他留给后世最珍贵的资产,除流传百世的音乐作品外,还有不少的笔记本。这些笔记本记录保存了他创作过程的三个不同阶段,包括不成熟的原始构想,原始构想的修改经过,以及最后完成的想法。这说明了作曲家不是一开始就想出整首曲子的旋律,而是从一个音符、一个节拍开始,慢慢堆砌出动人的旋律。同样地,一个好的广告创意,也许是从一句话、一个事件、一个画面而起。

① 谛听:受持经典之十种法行之一,即从心中明白地听闻佛法。

美国当代知名编舞家崔拉·夏普(Twyla Tharp)曾经对于创意作过批注:“只有当我把创意视为生活的一部分,当作一种习惯时,才能真正地拥有创意。”养成良好习惯是开发潜能、激发创意的要点之一。

在人类的生活中,极限不仅是不可避免的,甚至还是必需的。人类一切的文明,就是从人类与限制他们的环境搏斗、反抗中产生。换言之,是人觉悟受限制,自觉到自己的“有限性”亟思有所改善才有文明的产生。

人的成长,就是在“无限的可能性”中,觉悟自己的“有限性”。因此,我们要突破障碍,应当随时作好准备,把平常所看到的好构想全部记录下来,就像是摄影师随身带着相机,作家则是笔不离身,漫画家随身携带铅笔与画板。我们也应该随身携带着小本子,随时随地记录眼前所见的好点子。

最近我为《人间福报》撰写《丛林风月》专栏,在两个多月间将52篇全部写完,预备出版成册,有许多学生问我为什么有源源不断的创意出来,是否我的智商比较高?我说不是我智商高,而是深信佛陀在证悟成佛时宣说的:“大地众生悉有如来智慧德相,只因烦恼妄想不能证得。”我们本自具足潜能,只要肯开发就能有成就,因此我深信只要努力一定能完成。

有过去十几年的用心记录所阅读的书籍,分类整理,每日勤劳的观察,将所见所思记录下来,现在才能有创意的源头活水,一分耕耘一分收获,天底下没有侥幸的事。

星云大师教育弟子及学生时,经常鼓励大家一天要问自己五个问题,目的在激发思维,开发潜能,让创意源源不断地涌出。

朱熹诗偈:“半亩方塘一鉴开,天光云影共徘徊。问渠哪得清如许,为有源头活水来。”说明自我潜能开发,把创意视为生活的一部分,当作一种习惯,有组织、有计划地做好资料整理,才有源头活水来。

创意的泉源来自不断地“问”,通过阅读消化吸收,拟定一篇文章的题目去撰写,其实就是对自己生活发问、作答,以“思维”参悟来训练思想,不妨试试看“每日五问”,一定有所收获。

探索阅读

星云大师提倡“人生三百岁”,他以自己为例,开发生命的潜能,所以,他是生命潜能的创意大师。打破自我的极限,每一个人都可以是自己的创意大师,问题在于你是否知道自己的极限在哪里?

千锤百炼

道宣律师，一部戒律反复听十次百次；
玄奘大师，不辞艰险地越过千里流沙到印度取经；
慧可大师，伫立雪地断臂求法，他们都是经得起磨炼的高僧。

我回佛光山担任学院的教育工作之外，又兼任“中华青年团”的辅导工作。最近看到台湾地区的青年，感觉到目前的青年人崇尚潮流，追求物质的享受，缺乏对未来的前瞻性，喜欢变化，没有恒心，不坚持理想，也都几乎成为今日青年朋友的通病。

古德云：“有恒乃成功之本。”深感不下一番功夫，事情是不会成功的。佛教里唐朝的道宣律师听一部戒律就是反复十次百次，玄奘大师不辞艰险地越过千里流沙到印度取经，慧可大师伫立雪地断臂求法，他们都是经得起磨炼的高僧。

唯识宗的祖师无着菩萨，生于公元 415 年，他与世亲菩萨是同母异父的兄弟。在 4 至 5 世纪时，印度佛法曾三次被外道毁灭，佛寺和经书全被烧毁，使佛教三度遭到极大的摧残。为了振兴佛教，无着菩萨到“鸡爪山”洞，专修弥勒法，前后历经 12 年修持，因无成果，进出山门数次。

初三年，未见有一丝成绩，心生厌倦而出山，路上遇到一位老妇，欲将铁杵磨成针，菩萨就问道："铁杵怎能磨成针？"老妇答："具足坚志力，有志者事竟成，任务虽难，只要意坚忍，高山亦能摧毁。"听了这番启发的话，菩萨深感汗颜又回山修行。

第二个三年倦意复萌而欲出山门，途中遇雨，见雨水竟能滴水穿石，心生惭愧又入山修行。

又经三年仍无动静，再出山时，鸟的羽毛已遍满山谷，深深感叹，再发心四度专研，又经过三年，前后共计 12 年之久，仍毫无进展而心灰意冷。

出山时，途中见一只将死的母狗，半身已全被蛆虫咬食而腐烂，疼痛难忍，菩萨生起悲悯心，想为狗除去蛆虫，又怕虫因此而死，若不除蛆，狗亦将会死。左右为难之下，于是割下自身的肉，用舌头舐取蛆虫，如此使虫和狗皆得以存活，再舔时，母狗已不见，只见光明庄严的弥勒菩萨呈现在眼前。

无着菩萨既感动又抱怨地说："尊贵伟大的弥勒世尊！历尽千辛万苦始终不见，今日方得一见。"

弥勒菩萨说道："天虽降雨但无根不生芽，焦芽与败种不发菩提心①，无贤善与福德，诸佛虽亲临也无法见。自始至终我都在你面前，因你有业障②阻碍，所以看不见我，现在你生起大悲心，业障得以清净，才能见到我，你如果不信，把我背在肩上去市集绕一下，

---

① 菩提心：全称阿耨多罗三藐三菩提心，即求无上菩提之心。

② 业障：指业即障。三障之一，四障之一。又作业累。谓众生于身、口、意所造作之恶业能蔽障正道，故称业障。

看大众见到我否?”

无着于是背着弥勒菩萨前往市集,只有一老妇见无着肩负一只癞痢狗而其他人均无所见,无着菩萨因而对弥勒菩萨生起了不可动摇的大信心。

弥勒菩萨问:“想求什么?”

无着菩萨启白说:“愿弘大乘法。”

弥勒菩萨于是带他到兜率天为他说般若经深奥处,即《现观庄严论》之教义。无着菩萨领受教法之后返回人间写了《慈氏五论》流布世间。无着菩萨住世150年,果真实践本愿,将大乘教法广为弘扬,利益了无量无数的有情。

最近丛林学院的同学们在北部行脚,滂沱大雨中,老师们仍率领近百位僧众行脚,路途从台北文山区到木栅、忠孝东路等,一天20多千米的路程,无论走得再累,脚底起泡,大泡中又有小泡的情况也不叫苦埋怨,不发脾气,真是佛光子弟的本色,令人为之欢喜,毕竟大家不是草莓族,是经得起考验的。

青年要经得起考验,平时培养耐力与恒心是非常重要的!因为耐烦有恒,读书才会通晓;因为耐烦有恒,做人才能通达;因为耐烦有恒,修行才会有成就。我希望每一位年轻人,每一位学院的同学都能经得起磨炼,从耐烦和恒心中找到真正的自己。

探索阅读

有韧性的生命来自学习。学习,就是一种修炼,修炼要耐得起考验,考验要耐得起磨炼,经得起磨炼的生命,更见张力和明亮。

第二部分

菩提之树

自我学习，是要打开心眼、慧眼，开放全身六根全心全意去学习，让我们以慈眼、耳根善听，向这个世界去学习，这样你会发现自己拥有无限的潜能。

千里送鹅毛

一朵小花，虽然微小，就如千里送鹅毛般，礼轻情意重，
代表了学子的赤诚心意，真好、真美，
是一种真心的流露，展现心香的芬芳。

为培养学院同学们有健全的体魄，每日早上8时全院师生都会在丹墀①做佛光禅健身运动。今早陪同学们做完运动回到宝藏堂的办公室，见桌上一只白瓷碟盛着一朵白色散发着芳香的花朵，询问之下，是同学送来供养的，乍见好熟悉的花，却不知其名，只觉类似含笑花，拿在手上，我虔诚地低头合掌，祝福感谢，愿送花的同学如同《法华经》里的优钵昙花般，佛性开发展现自性的芬芳。这一朵小花，就如千里送鹅毛般，礼轻情意重，代表了学子的赤诚心意，真好、真美。

一朵白花让我想起了“千里送鹅毛”的典故，它是出自唐贞观年间，回纥使臣缅伯高，奉国王命令，带珍珠宝物向唐朝进贡，同时还带了一只他们认为世间稀有的白天鹅。缅伯高亲自用笼子护

① 单墀：寺庙大雄宝殿前的广场。

送，到了湖北沔阳地区，他见天鹅口渴，便放它到河里喝水，一不小心，天鹅展翅高飞，仓卒间，缅伯高只抓得一把鹅毛。他不知如何是好，想来想去，只好硬着头皮，把鹅毛用丝缎包裹好，并附上自己写的一首诗，送给唐太宗：

天鹅贡唐朝，山高路途遥。
沔阳河失宝，倒地哭号啕。
上复圣天子，可饶缅伯高。
礼轻情意重，千里送鹅毛。

唐太宗看了诗，除安抚缅伯高外，同时很诚恳地收下天鹅毛。从此“千里送鹅毛，礼轻情意重”便成为一句表达心意的流行话语。

然而，别人尚有鹅毛千里送，而我连鹅毛都没有，怎么办呢？佛教里说心香一瓣最为尊贵，因此低头合掌虔诚地祈祷恭敬就是无上的布施。普贤十大愿中的第六大愿“随喜功德”，看到别人做好事我为他欢喜喝彩也是功德一桩，别人有成就我不忌妒，随喜助他欢喜也是美德，看到别人不幸受伤或有灾难，我为之祈福祝祷，愿他早日康复，这些都是随喜功德。心香一瓣遍满十方法界，比一根鹅毛更为有意义。例如“9・21”的地震、“9・11”的空难事件，无论在何处，听到者都为亡者、伤者祈愿祝福，或是以实际行动捐款赈灾，这就是一种真心的表现，展现心香的芬芳。

佛学院的教育中强调启发思想，意念的清净开发，身业的落实行动，口业的善言爱语，口吐芬芳。丛林里有专门的术语，处处显露出说话的艺术。例如，将厕所取名为“净房”①，表示清净身心，“学人惭愧”“打扰您老”“长老慈悲”“学人请示”“拖拉鬼”“请您开示”等。走在丛林学院里，到处可见学子们彬彬有礼地互相合掌②微笑，口吐芬芳互道：“阿弥陀佛。”祝福对方无量光明，无量寿。因为群体和谐无争，以清净身口意三业，祥和互尊，凝聚成宁静安详的风气，空气中自然流布香云，感得动物们聚集相伴，尤其燕子们终年结巢于屋檐下，安居乐业，小松鼠到处奔跑跳跃，与人玩耍，这是法界融合的一片净土世界。

没有鹅毛送不要紧，只要把握当下一念，合掌心香一瓣，祝福礼敬，就是世界上最珍重的礼物。祈愿台湾的社会媒体能够协助转变攻讦谩骂之风气，多播报社会的善行光明面，多些正语、爱语、善言，带来一股温暖的馨风，必能使社会安和乐利，呈现和谐、尊重、平等之风。

探索阅读

世界上最珍贵的礼物为何？人言人殊。但深究下去，能让我们铭记于心、视如珍宝的，往往不是礼物本身的价值，而是送礼者那份真心、诚意的祝福。一份真心，超越时空、人我；一份祝福，芬芳、温暖这世界。

---

① 净房：佛门称厕所为净房。

② 合掌：表示恭敬之意。有合权实之掌，而应中道之行的意思。双掌合一，以表方便权巧与实相究竟是一而不二，大小乘皆可融通。又十指表十法界；合十，表合十法界存于一心之中。

合掌以为华

合掌，合十法界于一心，将心意集中，是人间最美的姿势，
是最真诚的祈祷、最善的祝福，
无怪乎佛教徒见面总以合掌来表达招呼与祝福。

清晨万籁俱寂，酣梦初醒，大众未起，我总在窗前的竹林枝干摇曳声中醒来，虔诚合掌开始一天的祈祷，不开灯我依然能清楚摸到坐垫位置，徐缓地静坐于偌大的蒲团上，慢慢调匀呼吸，让自己在宁静祥和里，观想光明，开始美好的一天。

在燕子啾啾的叫声中，我随着同学们排班上早殿，踏上四十坡，穿越丹墀，进入大悲殿，到佛前拈香三瓣，回到蒲团向佛陀礼敬。轻轻翻开经本，在阵阵氤氲缭绕之中，随着心念起伏，眼睛注视，合掌虔诵经典，佛门的课诵反复地颂持经文，主要是培养学生"以闻思修入三摩地"。对佛法的学习，要一再反复，如寻故旧般，才有深意及体悟。

每日的早晚课是我最美的心灵飨宴，合掌祈祷是我与佛菩萨接心交流的美好时光，多少的晨昏就在合掌正住中度过。

过堂吃饭时，全山在云居楼五观堂数千人吃饭，同时合掌虔唱

供养咒，供养十方诸佛及圣贤，下及六道群生，我最爱在巡视时欣赏这千手的合掌，就如观世音菩萨的千手刹那伸展出来，护持众生般，令人激动，升起慈悲心。

“合掌以为华，身为供养具；善心真实香，赞叹香云布；诸佛闻此香，时复来相度；我今勤精进，终不相疑悟。”傍晚时分耳中传来阵阵同学们在圆门轻唱优美的歌声，这一首歌曲中透露着世界上最美的手是合掌的手，是虔诚低头合掌，是祈祷祝愿的手。

合掌，合十法界于一心，将心意集中，是人间最美的姿势，是最真诚的祈祷、最善的祝福，无怪乎佛教徒见面总以合掌来表达招呼与祝福。佛光会员见面更以莲花手势来表达欢迎和相送之意，只要莲花指一挥，就沟通了彼此，明了彼此心意，多美。

西方宗教里的祈祷与佛教的合掌，名词虽异但意义相同。多年来，我对德国艺术大师亚尔伯以爱为题材所绘出的一双“祈祷之手”最为感动，这双“祈祷之手”也是助他成功的“亲情之手”。他们兄弟之间的深情至爱，令人感动。

15 世纪，德国小村庄里住着一个有 18 个孩子的家庭。父亲是冶金匠，为了维持一家生计，必须每天工作 18 个小时。在这窘迫的家庭里，弗朗西斯与亚尔伯有同样的梦想，两人都希望发展艺术天分，不过以父亲的经济条件是无法供他们到艺术学院读书的。兄弟俩讨论后决定掷硬币，以硬币正面决胜负，胜方到艺术学院读书，败方则到矿场工作赚钱。

4 年后，在矿场工作者再到艺术学院读书，轮流赚钱支持兄弟读书。结果，弟弟亚尔伯胜出。亚尔伯在艺术学院表现非常突出，作品人人称赞。他毕业后，并没有忘记承诺，立刻返回自己故乡，寻找四年来一直在矿场工作，供他读书的哥哥弗朗西斯。

他返乡那一天，家人为他准备了盛宴，庆祝他学成归来。席间，亚尔伯起立答谢弗朗西斯几年来对他的支持，并说："哥哥，现在轮到你了，我会全力支持你到艺术学院攻读，实现你的梦想！"亲友目光都转移到弗朗西斯身上，只见弗朗西斯两行热泪，望着心爱的弟弟亚尔伯，握着他的手说："看看我这双手——4 年来在矿场工作，毁了我的手，关节动弹不得，现在我的手连举杯为你庆贺都不可能，怎么可能挥动画笔或雕刻刀呢？弟弟，太迟了，不过看到你能实现梦想，我就很高兴。"

几天后，亚尔伯不经意地看到弗朗西斯跪在地上，合起他那粗糙的手祈祷着："神啊！我这双手已无法让我实现成为艺术家的梦想，愿您将我的才华与能力加倍赐于我弟弟亚尔伯。"弟弟见到这一幕绘下哥哥的一双手。

这就是 450 年来，亚尔伯·丢勒速写、素描、水彩画、木刻、铜刻中的艺术杰作里最为人熟悉的《祈祷之手》，感动了多少人心，唯有无私舍已的爱是最真诚的，无所求任何回报，因此更显出无我的美。

无我的妙谛是先成就别人，再完成自己，佛菩萨放光的手，不在他处，而在合掌中，在双手护持众生里大放光明，如同佛门诗偈："佛门以洒扫为第一执事，自沙弥至老衲无不早起勤作也。香林有塔，扫而洗，洗而又扫，舍利放大光明，不在塔中，而在手中矣。"

且合一朵清净的莲花掌，送给有缘的您！

探索阅读

双手轻轻合一朵莲花掌,清净的心油然而生;一个平凡的动作,却神妙而奇迹般地引领着人交会于心灵的感恩、忏悔、祝福、大愿心。您意会神领过这种美妙吗?

相约六十坡

相约六十坡，展开与茶、与书、与人、与心灵的对话，
空气中飘逸着清香，每个人满足地享受着与天地，
与大众合而为一的融和气氛。

早晨的空气清新宜人，学院圆门前的马蹄兰树和榕树也显得特别苍翠挺拔，一丝丝灿烂的曙光从云雾中透出，大地顿觉明亮起来。

放香日的早晨，我与同学们相约在六十坡茶会，一组组的同学与老师们在马蹄兰花树下泡茶品茗，禅修座谈，每人带着自己最喜爱的一本书，在喜悦轻松的气氛中，展开与茶、与书、与人、与心灵的对话，空气中飘逸着清香，每个人满足地享受着与天地，与大众合而为一的融和气氛。

在茶会开始时，我先序言，引导大家去聆听大自然的声音与自己内心的声音，体会《阿弥陀经》里极乐世界花鸟说法、七宝行树、天乐妙音、八功德水、微风吹动飘送清香的宁静与安详，体会诸上善人聚会一处的人间净土。当大家沉浸在一片祥和宁静的气氛后，开始禅修静坐，慢慢融入感受当下天人合一的境界。然后同学

们随即开始自行泡茶，随其兴趣，随其爱好，不限制地自己发挥各种技巧。这是惬意的茶道会，随缘随喜，只提示以简单的沏茶、奉茶、喝茶动作，作为下功夫处，从“每个动作都了了分明吗，每个心念都念念清楚吗”中体会四念处[①]修行法，由当下的每个动作，展现出自性。

久忙于公务无暇泡茶，拜今日与同学相约六十坡茶会之赐，终于有机会偷得浮生半日闲，举行一场茶禅乐的习赏会。取出多年前好友送我的小茶罐，上有清花瓷烧出的《茶供养》，写有一首我甚为喜爱的偈语，内容是：“春先蕊，百草甚奇青，茶芽点出馨香喷，玉瓯盏内雪花辉，睡魔王，能退几度黄昏阵。”从这首偈语中，可以了解春天树木花草萌芽生长的景象，并遥思唐朝时代一般人喜爱喝牙尖茶的时尚流行，皇宫内，甚至以玉杯品尝雪白泡沫的抹茶，其生动的文化气息立即显现。

随即邀请满醍、妙上、妙勤、如继诸位老师合唱《梁皇宝忏》其中一卷的赞偈《茶供养》，作为今日茶道中“茶与乐的对话”，优雅的梵呗音声绕梁圆门，燕子啾啾喜声回应，同学们乐得忙着用手打拍子应和。老师们唱过，由学生贾诒婷同学回应唱出《人间音缘》[②]的曲目《晨祷》。她的清柔嗓音，吟咏修道的心情，也博得大众的喝彩。

同学们趁着这个难得的因缘，把握时光向老师们敬茶，看着同

---

① 四念处：透过专注地观察身体、感受、心念、心念的对象等变化，就能以自己的行为、情绪、意志有高度的自觉，进一步觉察到我们的一切执着、贪嗔和无明。

② 人间音缘：为纪念星云大师来台弘法 50 周年而有“人间音缘——佛教歌曲发表会”。

学们一个个兴奋地、笨拙地以盖杯来向我奉茶，旁边的同学们替我担心如何喝下这十几杯的茶呢？我一一欢喜接受、喝下。我告诉他们，只要一颗恭敬的心、欢喜的心来泡茶奉茶，就是世间上滋味最好的茶，我岂能错过这一杯甘露般的佛光茶呢！

有的同学好不容易将茶水注入小杯中，却因开口太大洒了一地，或是倒在我的手中。他们不好意思地直说抱歉，怕我的手烫伤。感谢同学的关怀，其实，他们不知在佛学院读书时，我就担任了典座及库头，一天到晚泡在炉灶旁烧柴火，温度烫人，比这杯茶还热，这点温度算不了什么，在我修道的词典里，没有“娇嫩的心”这个词。

某些同学见到平时台上授课的老师奉茶给她，一时手足无措地不知该如何接受老师这一杯茶，老师们则大方自在，以“无我相、无人相、无众生相、无寿者相”的平常心来供养十方未来佛，施者、受者等施无差别，老师、学生平等不二，彼此相互尊重，这一幕真美。美在师生彼此互相奉茶的一幕，正显示日常生活中养成的宗门思想教育，在佛光山调职制度的云水僧涯里，僧众们老早就已经养成上台、下台一样自在的心情。

有茶有乐，不能无诗文。今日茶会中，木桌上的经文灯具印有《大势至念佛圆通章》经文，于是请满悦及觉芸法师，即席朗诵经文并作解释，让同学们当下参究体会经文之大意。虽临时接受考验，不愧为老师，佛学基础扎实，解说分明，令同学们大为赞叹。

曾经同时试喝过30多种不同的茶，从来不醉茶的我，今日却仿佛有醉意般，问自己为什么我才喝了3种茶，薰衣草、桂花红茶、乌龙茶，分量也才一点点，却如此地陶醉呢？想来只有一个原因，醉在学子的赤子之心，醉在师生们真诚的道情法爱，醉在来自20几个国家的学生们欢喜融和，佛光茶法味一如，和合无二，无差别对待，香醇甘甜，叫我如何不沉醉呀！

过去赵州禅师“吃茶去！”蕴含禅机，接引学僧契入禅心，认识自家面目。今日茶会借由沏茶、奉茶礼仪的教导，让全院师生体验茶禅一味，在短短的两个小时中，同学们深刻感受到茶意禅味，“禅就在生活中”。

相约六十坡是同学们的最爱，在树下练梵呗，敲法器，训练布教口才，或是约谈文章编写，美工设计，经典导读等，几年的丛林时光就在六十坡的石灯旁，马蹄兰树、樟树下度过。

这杯佛光茶，多少法味在其中，令我们战胜睡魔王的“几度黄昏阵”。

丛林风月，云水禅心，师生们彼此聆赏了心灵的飨宴，这是千载一时、一时千载的盛会。相约在六十坡，让我们喝茶去！

探索阅读

大大小小的约，从小到大数不清。哪一个约曾在心灵划上一道永恒的回忆？自从与佛相遇，你我有约，仙人古道，世世生生。

扫地扫心地

佛门每天洒扫，扫者不但扫去了外面世界的落叶和尘埃，
也扫走了内心的烦恼与污垢，更扫出了一颗颗清净明亮的慈悲佛心。

许久没有享受过佛光山清晨的那份静谧清凉，调职回山后，在清晨的晓色中，阵阵的微风带着沁人的花香拂面吹来。做过早课，陪着同学们前往云居楼过堂用斋。早斋后，经行漫步在麻竹园菩提路上，蓦然望去，看到正弯着腰在清扫满地落叶的老伯，每扫一下，都是那么的认真、负责，我不禁虔诚合掌礼敬，感谢老伯这种刻苦耐劳、敬业乐业的精神，心中生起一份深深的敬意，心想这不就是禅门的行者马祖道一吗？

全山范围宽广，虽然看来就是扫个地，也不是那么简单，佛光山每天没有百人以上来打扫，是不容易干净的，除了专责清扫的老伯们，也都能见到全山各单位的法师，开始打扫整理环境。每一个在佛光山的出家众都是那么任劳任怨地工作，而在家菩萨们也是怀着一颗牺牲奉献的心，每天清洁打扫，他们不但扫去了外面世界的落叶和尘埃，也扫走了内心的烦恼与污垢，更扫出了一颗颗清净

明亮的慈悲佛心，个个都像佛陀时代的周利盘陀伽。

佛陀的教育里不舍弃任何一位众生，尽管在弟子当中，非常愚钝的周利盘陀伽，不会念经，连一首偈子的上下句都记不牢，佛陀也是耐烦细心教导。

有一次，为了不会诵经，周利盘陀伽被师兄责骂了一顿，自己也觉得惭愧难过，就躲在墙边哭泣。佛陀知道了，就问他为什么哭呢？

“我太笨了，不会诵经。”

“你做什么工作？”

“扫地。”

佛陀见他老实木讷，就用特殊的教育法对他说：“你既然会扫地，用的那把扫帚，总应该记得它的名称，从今天起，你每天不要念佛号，也不要诵经文，就念‘扫帚、扫帚……’好了。”

周利盘陀伽从此就念“扫帚、扫帚……”，久而久之，心里也想到一些问题：“外面的尘埃、肮脏，可以用扫帚去扫；心上的烦恼无明，应该用什么来扫呢？”因为他想到心里的烦恼垢秽要去除，心里面的般若就慢慢地亮起来，光明起来了，不久就证得了阿罗汉①果位。

佛门诗偈云：“佛门以洒扫为第一执事，自沙弥②至老衲③，无

---

① 阿罗汉：指断尽三界见、思之惑，证得尽智，而堪受世间供养的圣者。阿罗汉有杀贼、不生、应供三义。杀贼，能断除三界见、思之惑，杀烦恼之贼。不生，即无生，不复受生于三界中。应供，应受人天的供养。

② 沙弥：旨佛教僧团（僧伽）中，已受十戒，未受具足戒，年龄在 7 岁以上、未满 20 岁之出家男子。同此，出家女子称沙弥尼，以其勤于策励成为比丘、比丘尼者，故前者译为勤策（勤策男），后者译为勤策女。

③ 老衲：为比丘之谦称。衲，指衲衣。僧众穿衲衣而自称老衲。类似之称谓尚有衲僧、衲子、野衲、布衲、小衲等。即老僧之意。

不早起勤作也！香林有塔，扫而洗，洗而又扫，舍利放大光明，不在塔中，而在手中矣！”说明了修学佛法有多种法门，上根者禅修顿悟可入道，中根者经论言教契入佛法，初根基者在日常劳作中打扫服务，培养福德，一样能够参究真理，使心地光明，启发出般若智慧。

扫地是一个心地法门，由扫地可看出学生对生命的乐观与悲观态度。一位丛林学院的学生曾对我说：“每天下午看到早上打扫完毕，干净、整洁的六十坡，内心自然升起一份成就感，到了下午看到六十坡满地的落叶，挫败感油然而生。”我告诉她，飘落的落叶不就是像人的烦恼一般吗？因此要日日勤拂拭，虽然每日落叶随风飘逝落下，心上的落叶烦恼总有一天会清扫干净的。

5月的一天雨后，风势颇大。清晨走过会馆旁边的圣诞树旁，雨滴如银珠般闪亮在树尖上，而旁边的凤凰木红花及不知名的树洒落着黄色的碎花，黄花、红花交错有致，仿佛佛陀说法时天人洒落下的曼陀罗花，好一片人间净土，使人不禁羡慕老伯是最有福气的人，每天耐心地将花扫成一个个小花圈，然后将其倒入花圃里做堆肥，“化作春泥更护花”。老伯是个最有诗情画意的人，每天耕扫人间花园，庄严净土，做护花的使者。

佛陀说：“众生悉有平等的佛性。”一样的人，只要有心去教育他，都能有所用，爱因斯坦小时候不也是被当成白痴吗？“天生我材必有用”，没有教不会的学生，只有不善教的老师，教育者要不断地去寻找，如何能用有效的方法去启发出学生的潜能及特质，爱默生说：“所谓杂草，只是尚未被发觉出用途的草罢了！”对学生永远不要放弃希望。

探索阅读

世人将“扫地”看作是一件卑微的工作，佛门里却视它为一项无上的修行法门，卑微与神圣，谁让我们落入这个分别？

超越分别，无贵无贱，无贫无富，不垢不净。

残缺的世界

残缺是生命的本质，也是世间的实相。
我们应该了解残缺，欣赏残缺，进而运用残缺，
转化残缺，最后我们将会发现“残缺就是美”。

雅纯刚到丛林学院念书时，对训导主任非常不满，老师是由美国取得博士学位回来任教的，雅纯对她很抗拒，对她所说的话不满意，不以为然，觉得没有佛法。

后来院长星云上人知道了后，有一天找雅纯来问：“听说你对训导老师不以为然，说说看，你对她有什么不满意的。”雅纯一听机会来了，就开始数落说：“老师不对，老师没有佛法。”她举了各种罪状给师父听。院长行程非常忙碌，为了要解除她的烦恼，耐心地听了她的倾诉，足足地听她讲了半个小时后，大师即对她说：“好极了，据我所知，好像还不只这些，你再继续讲。”

雅纯逮到机会，很得意地又继续讲了两三件事之后，停了下来说：“师父我现在一时想不起来，等我想起来再报告您好吗？”师父说：“好！你讲完了，现在换我讲可以吗？”

“师父请说。”雅纯回答。

“雅纯啊！你的个性是属于黑白分别，善恶分明，誓不两立的这种。”

“对，我就是这样。”雅纯以为自己个性很好，大言不惭地说。

“雅纯，你知道这个世间是一半一半的世界，天一半，地一半；男人一半，女人一半；佛一半，魔一半；善一半，恶一半；美丽一半，丑陋一半；清净一半，污秽一半。很可惜，你所拥有的世界是残缺的世界。”乍听这一席话，个性自满、得意洋洋的雅纯，突然讲不出话来，一股震撼触动了她的内心，她愣住了，请问师父：

“为何我所拥有的是一个残缺的世界呢？”

“因为你要求完美，你只能接受完美的一半，不能接受不完美的一半，你所拥有的是残缺的世界，只是一半的、不全的世界，无法圆满。”大师连续讲了二十几个“一半一半”的世界，听得雅纯目瞪口呆，突然间她发现原来自己是一个残缺不全的人，自己太不懂事了。突然间发现原来自己的世界是残缺的一半，使她觉得失去了重心，不知如何是好。

“那我要怎么办呢？”雅纯问师父。

“把不完美的世界都包容下来，你才拥有一个完整的世界。”师父见她错愕的表情，一边安慰，一边开导她毕业以后去经历不同的人事物，在人我相处间要看到别人的优点、长处，要在黑暗处看到光明，自然慢慢就能包容另一半的世界。

好似把虚空放在她的脑子里，师父的一席话让雅纯从绝望处见到希望，让落在悬崖底无所依附的她，紧紧攀住这根希望的绳索，向上攀爬。

师父又继续说：“你只要学我一点就够了。”只见师父在空中写了一个“大”字。

“什么要大呢?”雅纯问。

“度量大。”师父说。

听了师父这一席话,雅纯突然觉得自己好卑微,仔细想想一切都不是老师的错,而是自己的无明执着自以为是。从法堂离开师父那里后,雅纯一路直向学院,迫不及待地只想赶快向老师道歉,对老师说:“对不起,老师,原来是您一直在包容我。”

在《往事百语》里,大师提到:“小水滴自知力微,结合大家的力量,形成一股激流,努力冲过礁岩,才能激起壮丽的浪花;小毛虫自惭形秽,用尽全身的力量,奋身挣破蛹茧,变成一只蝴蝶,才能自在飞舞,享受绚丽的阳光。”所以,残缺是生命的本质,也是世间的实相。我们应该了解残缺,欣赏残缺,进而运用残缺,转化残缺,最后我们将会发现“残缺就是美”。残缺与完美之间不只是一念之差,而是一体的两面,是一半一半的世界。欣赏完美,包容残缺才能拥有圆满的世界。

大师一生以文化教育为志,以大慈悲心,大智慧来教育每个徒弟,有时候以不说破来启发,有时以譬喻来开导,有时循循善诱,大师的教育是方便善巧、观机逗教的教育。我到海外弘法近20年,再回学院担任教育工作,在任教时经常想起师父常说的一句话:“我在等待你们长大,好接棒传灯①,续佛慧命。”每每想起我都会生起一股感动,感动师父的耐心教育,感动他的教育里充满着人性

---

① 传灯:与传法同义。谓法脉辗转相传而不绝,如灯火相续而不灭。又以佛法犹如明灯,能照破世界这冥暗,故将传法称为传灯。

与爱，闪耀着智慧光明与散发着温暖，随时指引着弟子们走向光明，由无明走向觉悟，由烦恼转向解脱。

我期许自己及老师们都能“以师心为己心”，爱徒如己，能视学生各人根器给予不同的教导，运用各种的善巧方便，关怀学生，作育英才。

探索阅读

残缺的世界，往往反映了内心里另一个残缺的病因！眼里常见、耳里常听，熏染时日久了，某种心理效应就会产生。这样的效应，又从我们的身上不自觉地四射到周围接触的人。唯有宽容的人，能转残缺为圆满的世界。

忙碌与清闲

人生最美好的事就是有事可忙，忙着为人、为他、为众，不为我一人；忙，真好，忙就是营养。

过年前每日清晨在5点摸黑起床，全山大众到后山出坡整理园地，千余人如蚂蚁雄兵一般，全体出动捡石头、种花草、撒草籽、拔草，人人脸上面露微笑。捡石头乐得仿佛捡到黄金般。种花拔草之余，佛学院的同学们纷纷表示最近忙得非常有意义，忙得没有时间烦恼，忙着读书，忙着结缘，忙着垦荒植树，忙着为人间留下真善美。人生最美好的事就是有事可忙，忙着为人、为他、为众，不为我一人；忙，真好，忙就是营养。

忙，是现代人的生活写照。有人忙着政府门前静坐示威游行，有人忙着布施送食物、雨衣，有人忙着电视前加油。学生忙着读书考试，上班族忙着工作，家庭主妇忙着持家理财。也有人忙着逛街，忙着串门子，忙着约会应酬，忙着上网聊天。更有人忙着赶3点半，忙着看股市，忙着买彩券。不管忙什么，只要忙得有乐趣，忙得有意义，忙得有价值，忙中自有无限的妙用。

然而，仍有人闲得发慌，闷得不知如何度日子；闲得想自杀，闷得想撞墙。这世间忙的一半，闲的也一半，不知生命意义的人终日游荡、游手好闲，体会生命意义者，懂得掌握有限的时光，将生命作最大的利用。

何谓忙？何谓闲？

现代人经常说："忙死了。"表示自己的重要及忙碌，其实什么是忙？什么是闲？古德云：

> 闲到心头便是闲，心闲方可话居山。
> 山中剩有闲生活，心不闲时居更难。

其实说忙说闲，不过是事相上的对立，若能事理圆融，则虽忙犹闲。

前阵子传灯会举办学院毕业实习生讲习会，邀请我与同学座谈。言谈中了解到同学毕业调派出去，分派调职前后，总有一些学生回来向老师投诉：那里太忙，那里太闹，无法清修自课。这里太闲，无事可做，闷得发慌，大概在这些人的观念里，修行与生活是一分为二的事。说忙道闲，等到真正将他们调派到僻静的别分院时，过不了多久，又要大呼太静了、太闲了，受不了。而调到忙碌的单位里，又有人嫌太忙了无法修行读书。身居山林，心如闹市，还是不得安住的，唯有无住生心，随缘自在，才能过着充实法喜的日子。生活里如果懂得忙里偷闲的巧妙，那也是一种情趣。

"忙里山看我，闲中我看山。相似不相似，忙总不及闲。"

在海外的弘法生涯里，经常在澳大利亚、新西兰等地的4个城市间飞行往来弘法利生，忙着办美术展览，忙着为佛学院学生授课，辅导4个协会，30多个佛光会，忙着管理10余所寺庙，忙着行政策划，忙着主持法会，身虽忙，心却闲，因为“无所求、无所得”。经过20多年的忙碌岁月，对王维的诗偈，我更加喜欢，也更能体会出：“人闲桂花落，夜静春山空。月出惊山鸟，时鸣春涧中。”只有在忙碌中，以无所求之心，方能我心一片悠闲恬静，才能感知桂花飘落之声，感受静夜里的春山，更见清朴安宁。人心闲才能宠辱不惊，闲看庭前花开花落；去留无意，漫随天上云卷云舒。忙里有余暇，登高临水觞咏；身外无长物，蔬食布衣琴书。

人生在世，既要怀殷殷报国恩之大志，在事业上力争上游，又要有一颗平常心，在生活上甘于平淡，也要全心全意奉献社会，又要尽情享受健康人生；既要精益求精于专业知识，又要有多姿多彩的闲情逸致，拥有休闲爱好。拥有这样的心境和情怀，认知和感觉方能有深度和广度，才能“不以物喜，不以己悲”，才能无所得，无所求，事事自在无碍。

因此什么是人生真正的闲，是心境的悠闲？真正的闲，是心头上超然物外的闲。若心中无所执着，不计较人我得失，就能安住于清闲的生活中，而不被生活所羁绊，就可以做到能忙能闲、能动能静、能早能晚、能饱能饿、能进能退、能有能无……无所不能。星云大师说：

“忙，像一把锋利的慧剑，能断妄想的葛藤；

忙，是点石成金的手指，能化腐朽为神奇；

忙，是营养调身的补品，使人生充满生机。”

大师的一生的确是因为“忙”才少病少恼，身健心安。

我深深体会大师所云：在“忙”中，有数不尽的乐趣；在“忙”中，有无限的喜悦；在“忙”中，能安身立命；在“忙”中，能多所体悟。“忙”的生活实在太美妙了！

在云水僧涯里，在“忙”的生活中，审视自己，每个阶段我都全力以赴，全神贯注；在走过的生命岁月里，我都以全部生命来虔诚供养，身忙心闲，播撒慈悲的种子，为人点燃光明的火炬。祈愿未来佛学院的同学们也能效法大师的精神，实践佛法，将欢喜布满人间。

探索阅读

“忙碌”与“清闲”只是一念的分别，剥落那个有执的“我”，不起爱护、不舍的心，何来“忙”与“闲”的差别？

精进与瞌睡

孔子，以金刚怒目相对学生宰予“力的折服”，是一种大慈悲的示现。无独有偶，佛陀也曾因为弟子阿那律打瞌睡而教育之。

《论语·公冶长篇》中记载，在孔子的弟子中，有一位弟子叫宰予，相貌堂堂，一表人才，而且还能言善道。孔子对他的印象很好，认为他将来一定会有出息。但是后来，宰予的本性渐渐显露出来，白天整日睡觉，孔子因而批评他：“朽木不可雕也，粪土之墙不可圬也。”

伟大的教育家至圣先师孔子，以金刚怒目[①]相对学生宰予“力的折服”，是一种大慈悲的示现。无独有偶，佛陀也曾因为弟子阿那律打瞌睡而教训他。

阿那律尊者身为王族后裔，是佛陀的堂弟。佛陀成道后，回到

① 金刚怒目，菩萨低眉：上句以金刚童子之怒目，形容人之威势；下句以菩萨之慈祥容貌，形容人之慈善。金刚现怒目身以降伏恶人，菩萨则现慈眉貌以摄取善人。

故乡说法教化，许多王族的人都随佛出家，阿那律尊者也和跋提、阿难等七位王子一起追随佛陀出家学道。

阿那律尊者剃度后过着淡泊的清修生活，道心坚固地一心向道，唯独有些贪睡。有一次在佛陀座下听闻佛法时，大概是太疲倦而昏沉地打起瞌睡，佛陀训斥他："咄咄汝好睡，螺蛳蚌蛤内。一睡一千年，不闻佛名字。"

佛陀接着问尊者："阿那律，你出家学道，是因为畏惧王法、害怕盗贼吗？"尊者恭敬地答道："不是的，是为了脱生老病死苦。""你的道心似乎很坚固，但为什么在听法时睡着了呢？"

阿那律尊者合掌恭谨地跪在佛前请求忏悔："世尊，恳求您慈悲地原谅弟子的懈怠！从今以后，誓尽形寿，用心办道，决不再睡眠！"之后尊者果然于昼夜二六时中勇猛精进，不曾合眼小歇。过了数日，尊者的双眼已不堪负担，佛陀甚是关心，前来劝慰尊者："众生以食为生，眼以眠为食，就是涅槃也要饮食啊！"

"世尊，弟子的眼睛没有关系，但是涅槃以何为食呢？"

"以不放逸为食！而未达涅槃境界之前，仍需适量睡眠。"

尊者感激佛陀的关照，可是仍然坚持自己的誓言，发愿从今以后不再睡眠，每天不是经行就是诵经，一天两天不睡眠是不要紧，但天天不睡眠，人的精神当然会支持不住，眼睛也会吃不消，经过一段时间，阿那律还是精进不懈地不休息，他的眼睛终于瞎了。

眼睛的不适造成尊者生活上许多不便，虽然不需出外乞食，饮食由托钵回来的比丘们分给有病的沙门，但是三衣的缝补却是很伤脑筋的事。善体人意的佛陀知晓后，立刻到尊者的寮房帮他缝制三衣。佛陀非常怜悯他,教瞎了眼的阿那律修习金刚照明三昧,尊者如是修学,不久,阿那律即证得天眼通。获证天眼通,虽是佛陀慈悯垂护,也是因着尊者心地光明磊落誓愿力行,功德累积所成。

阿那律为了佛陀的一句话就如此精进,能这样大死一番,就不会为情欲、懈怠所惑,就不会被众邪魔鬼所扰。学佛者,听经闻法,了知诸法实相,这是得文殊菩萨的大智,但要从所得般若智再行精进,才可契合普贤菩萨的万行。

记得有一次星云大师在传灯楼四楼大会堂为全院同学开示,一位沙弥瞌睡连连,男众部的老师就想走向前摇他醒来专心听讲,大师看了立即示意老师不要叫他,让他休息,等他精神恢复了自然就会醒来听讲,师父的慈悲包容令我感动不已。

曾有位学生,一整个学期上课都在打瞌睡,我想可能是因为某些因素吧,实在不忍心呵斥她,未责怪她就让她继续睡。下学期后,这位学生都未曾打过瞌睡,我好奇地问其他人原因,一位老师笑着回我说:“她大概是睡饱了吧!”另一位老师说:“大概是老师对她的慈悲包容,令她感到惭愧吧!”不管睡足了也好,或是惭愧心生起,总之见到学生进步都是令人最欢喜的事。

道业上或事业上有所成就的人,哪一个不是经过大死一番的精进?过去的诸佛菩萨,先圣先贤都是如此。人如果贪慕轻松,讲究享受,对于修道就不能发勇猛精进之心。佛陀往昔在因中修行时,舍身饲虎,割肉喂鹰,这种难行能行、难忍能忍的精进牺牲之心,岂是那些批评佛教是消极的人所能想象体会得到的!

探索阅读

打瞌睡不是懈怠，而是对真理还没有产生共鸣；精进不是时间的拉锯，而是一旦精神认同，行为自然趋于中道，生活不再放逸。

生死一滴蜜

世人常为了“财、色、名、食、睡”这五滴蜜的暂时之乐，
甘受种种的苦难，甚至丧失了宝贵的性命，其实生死不过一滴蜜罢了。

佛门的修行，吃饭是大事也，会吃饭就会修行。佛门称吃饭为过堂，乃为增益身心，不必拣挑美食。佛光山丛林学院的学生每日三餐都排班到云居楼的五观堂去吃饭，过堂就是一堂功课，就是一种修行。取名“五观堂”是因为佛陀曾教诫弟子于饭食时，需作五种观想，即：

1. 计功多少，量彼来处。
2. 忖己德行，全缺应供。
3. 防心离过，贪等为宗。
4. 正事良药，为疗形枯。
5. 为成道业，应受此食。

粒米维艰，来之不易。因此，吃饭时，想到农民的辛苦，应带着感恩的心情，欢喜地受食，不能糟蹋饭粒，又想到为了资养色身，修行办道，更不能挑剔饮食的美恶。

以佛法来说，一个修行的佛弟子，要时时警策自己的生活，不要流于糜烂，应以禅悦为食①，以道德为衣，以虚空为安住，以无牵挂、自在的心境为行，不必萦萦于物质的追求，而为物欲所束缚。

《佛遗教经》云："汝等比丘，受诸饮食，当如服药，于好于恶，勿生增减，趣得支身，以除饥渴，如蜂采花，但取其味，不损色香，比丘亦尔，受人供养，趣自除恼，无得多求，坏其善心，譬如智者，筹量牛力，所堪多少，不令过分，以竭其力。"饮食应如佛陀所言："如蜂采花，但取其味，不损色香为宜，不应贪求享受。"

佛经有一段譬喻，说人生如一座枯井，吾人在生死的枯井中，被无常的猛兽追赶。仗着业力的生命线，垂落在井中，下有四条毒蛇（喻地、水、火、风四大）要分裂我们的身心，还有昼夜的黑白二鼠又在啮噬我们生命的树藤。此时蜜蜂滴下了五滴蜜，让我们暂时忘记了危险，这正如"刀口之蜜"有割舌之患。刀口之蜜是什么？就是财、色、名、食、睡"五欲"之味也，虽有割舌之患，因为其味甜美，因此我们轻易地就忘记了割舌的危险，这就是人生的实相。

有个人常去沙漠猎野兽。一天，他带着心爱的猎犬出门狩猎，在山里发现一个岩洞，里面有个装满蜂蜜的大坑，就用随身带来的皮水袋装了些蜂蜜，打算背回城里出售。他在一家油店门前停了下来，问卖油的要不要蜜？卖油的说："要买"。于是他把蜜从皮袋里倒出来给他看。

这时，有一滴蜜洒落在地上，立刻招来了一群苍蝇，一只鸟就

① 禅悦为食：入于禅定，身心适悦，能长养肉体，资益慧命，一如食物之能长养肉体，存续精神，故称禅悦食。

飞下来啄苍蝇，卖油的养了一只猫，猫见到鸟立即扑上去抓鸟；猎人的狗看到了，又扑上去咬死了猫；卖油的商人见到自己的猫被咬死，一气之下就冲过去打死了狗，猎人愤怒地反过来把卖油的人打死了。油商和猎人两人住在不同的村庄，两村的村民得知消息大怒，立刻拿起武器去攻打对方，双方展开了一场血战，直杀得血流成河，方才罢手，到底死了多少人只有天知道了，一群生命就为了这滴蜜而全部牺牲了。

人在世间，种种的苦难如老病死苦，爱恨情仇之苦，人际相处的是非好坏之苦，自然界的天灾地震之苦等，种种的苦难，人都堪能忍受，其原因就是因为有那五滴蜜的暂时之乐，让我们甘受种种的苦难，甚至丧失了宝贵的性命，其实生死不过一滴蜜罢了。

探索阅读

一滴蜜，填满了心灵的需求；一滴蜜，满足了色身的追求；一滴蜜，勾起一念无明的牵动，换来生生世世的劳顿。

四十坡的月色

月亮是偷不去的，正如我们人人具有的善良佛性，
也是偷不去的，懂得美丽的月色，三千大千世界都是我们的财富。

今晚学院的夜色特别的美，受到美丽月光的呼唤，走出宝藏堂散步！行到四十坡，坐在坡台上独自数着天上的星星，一阵晚风带来徐徐清凉芳香，空气和月光混合着一种微醺，处处散发迷人的成熟风韵，碧海青天夜夜心。

我喜爱赏月。正如同朱自清先生在《荷塘月色》里所描述："这一片天地好像是我的；我也像超出了平常的自己，到了另一世界里。我爱热闹，也爱冷静；爱群居，也爱独处。像今晚上，一个人在这苍茫的月下，什么都可以想，什么都可以不想，便觉得是个自由的人，白天里一定要做的事，一定要说的话，现在都可不理，这是独处的妙处；我且受用这无边的荷香月色好了。"

我出家后更喜欢赏月。初一、十五全山一同上大雄宝殿，早殿后，就会提醒自己今晚要去四十坡赏月，尤其欣赏到上弦月及满月不同的风光。伟大的佛陀智慧如农历八月十五中秋节的满月，朗

照高挂，而菩萨如同十四的月亮般，即将圆满，而我呢？尚是初一的上弦月，正在慢慢学习步向圆满，可怜的无明众生还在如云遮月隐，被无明烦恼蒙蔽了心灵。在许多的时空下，不同的国度里，梦里寻它（自性光明）千百度，月亮（佛陀）总在我心头。

许多学生们也与我有同好，爱在四十坡赏月，曾有位学生由于一大早要煮豆浆，担心误时起床，结果紧张到3点钟就爬起来。为了不吵他人，自己坐在四十坡赏月，独自聆赏清晨的月亮，感受天阶夜色凉如水的清醒，偏爱月亮又爱写作的她被称为“追月的女孩”。如今追月的女孩已经逐梦踏实，担任《人间福报》重要的职务，一偿追月的心愿。

圆润的明月令我回忆起小时候在家里庭前的广场，大人们坐着闲话家常，而我们一群孩子则追着萤火虫嬉闹，情境如诗人杜牧所写的秋夕：“银烛秋光冷画屏，轻罗小扇扑流萤。天阶夜色凉如水，卧看牵牛织女星。”欢乐的童年时光虽不再复返，但当年全家和乐融融的景象，却不断地扩大在佛光山海内海外的道场里，年年中秋，年年团聚。

2000年与大师在南天寺共度中秋，大家惊讶地发现，南半球的月亮果然又大又圆，仿佛伸手可摘取，仔细研究这是由于南半球地势的关系。大师还为宝塔写了一首诗：“一山一佛一宝塔，两殿两堂双青松。”

上个周末学院举行云水禅心的活动，让青年们也能到丛林体会一日的生活，课程安排有《人生剧场》，由专二班的同学特地在四十坡的夜光下，表演一出布偶戏，戏后，开始研讨，青年们热烈地表示意见，提出对人生的看法，探索生命的价值及意义。

皎洁的明月，使我经常想起日本江户时代的国学大师贺茂真渊的风趣、乐观。有一年秋天，猛刮台风，境内大面积的土地都受到灾殃，真渊的弟子们担心老师家里的情况，纷纷前往关心，果不其然，真渊家的屋顶都被大风刮走了。

弟子们遗憾地说："屋顶被刮走了………"

"哦！我知道，我想是有人想见我………"真渊说。

弟子们感到诧异，忙问老师："为什么？"

真渊一本正经地说："屋顶没有了，坐在家中就可以直接看到月亮……"学生为老师的乐观、风趣，佩服不已。

屋顶吹走了正好看月亮，真是何等的洒脱呀！国学大师与良宽禅师一样的自在。

良宽禅师住在山脚下的一间小茅屋中，过着非常清淡的生活。有一天晚上，有一个小偷光顾他的茅庐，结果发现没有一样值得一偷的东西。

良宽刚从外面回来，碰见了这位窃贼，就对他说道："你也许是不远千里而来，我这里实在没有什么值钱的东西，但你总不能空手而回，现在我就把身上的衣服当成礼物送给你吧！"

小偷感到不知所措，大概因为太穷，拿了衣服就溜。

良宽身上只穿着贴身内衣坐在路边观月，他在心里不断地吟道："但愿我能把这美丽的月色也送给他就好了！"

月亮是偷不去的，正如我们人人具有的善良佛性，也是偷不去的，懂得美丽的月色，三千大千世界都是我们的财富。良宽禅师为小偷不明白自家宝藏的可贵，却到处去偷窃来生活而悲哀。

自古以来，从没有乞者和小偷能够发财，世间上的人用种种方法侵占、聚敛，但人生最后究竟拥有了什么？自古以来，未曾有权势不倾颓，所谓空空而来，空空而去，与其拥有不实在的财富或权位，不如拥有大自然的财富，因为世间上的清风明月可以欣赏，大地山河任你遨游，如同《无量寿经》中描述，在极乐世界里，每天早晨起来，香风微微吹拂，摇曳着各种宝树宝网，发出各种微妙法音，听闻者神智清朗，心情愉悦，富有三千界。

去年中秋月圆与全院的学生们，在四十坡举办“菩萨清凉月”中秋晚会，如同一个大家庭般赏月团圆，同学表演现代版嫦娥奔月或与月亮相关的成语或法语接龙，直到无法接续方止，也是人生一大乐事。

“今人不见古时月，今月曾经照古人”，同样的月亮，一样的清凉心情，却是不同的时空与不同的人事，希望年年岁岁，明月高挂之下，全世界各国都能族群融和相处，千里共婵娟。

探索阅读

一样的月色，不一样的场景，赏月的心，也大异其趣。向往那“菩萨清凉月，常游毕竟空”的夜色，我努力攀登真理的净城，与菩萨相约遨游法海。

大小乘互为师

能做到“三分师徒，七分道友”，

大小乘可以互为师，只要肯放下身段，打开心眼，

虚心学习，彼此可建立一个终身学习的圆满人生。

古人云：“青出于蓝而胜于蓝；冰出于水而寒于水。”意思是老师不必一定要贤于弟子，弟子未必不如师，身为学生是否有超越老师的心理，还是在老师的羽翼之下，说东是东，说西是西。若学生不能超越老师的话，教出的下一代都比上一代差，那么这个社会如何进步呢？所谓“草布袋、麻布袋，一代不如一代”是多么令人悲哀！

佛教里有许多师生间的美谈，例如鸠摩罗什与盘头达多留下“大小乘互为师”，空海大师与最澄大师的“不耻下问”，乃至星云大师与志开上人“三分师徒，七分道友”，都是展现师生间互相切磋的精神。

佛教四大翻译家之一的鸠摩罗什，从小就是个神童。9岁时随着母亲渡过辛头河到罽宾国，遇见了名德法师盘头达多，鸠摩罗什依止他学《中阿含经》《长阿含经》。盘头达多每每称赞鸠摩罗什的神慧俊才，罽宾国王听到了赞誉，即延请鸠摩罗什进宫，同时召

集许多外道论师一同问难鸠摩罗什，结果外道全被折服。因此，罽宾国王更加敬重鸠摩罗什，并以上宾之礼供养他。

后来鸠摩罗什跟随着母亲，在各地参学弘化，不仅在佛法方面更上层楼，而且名满天下。龟兹王还亲自前往温宿国，迎请鸠摩罗什母子回国教化。龟兹国原属小乘的教法，鸠摩罗什广开大乘法筵，听闻者莫不欢喜赞叹，大感相逢恨晚。

不久，盘头达多听说弟子鸠摩罗什有非凡的体悟，所以不远千里专程到龟兹国向学生请法。鸠摩罗什听到师父光临的消息，非常喜悦，终于能够实现原先的愿望，他苦口婆心，连类比喻而娓娓道来大乘妙义，师徒之间往来辩论一个多月，终于说服了盘头达多。盘头达多赞叹地说："师父未能通达，徒弟反而启发师父的心志，这话在今天得到证实。"

盘头达多便向鸠摩罗什顶礼，说："和尚是我大乘的师父，我是和尚小乘的师父。"盘头达多能自制自己不好强，甘愿拜在弟子鸠摩罗什门下，故能留下"大小乘互为师"的美谈，传为佛门的一段佳话！

星云大师对于弟子一向是以"三分师徒，七分道友"相处，这是受到师公志开上人的影响。所谓"闻道有先后，术业有专攻"，大师并不以为自己比徒弟高明，除了传道、授业、解惑以外，大师更希望他们能"青出于蓝而胜于蓝"，所以不但延聘名师前来教学，也鼓励他们出外参学游访，经由"读万卷书，行万里路"来增广见闻，拓展胸襟。

20多年前依空到东京大学深造，大师亲自陪他远赴东瀛，托付给水野教授；依昱在驹泽大学读书，大师去日本看她；心中惦念慧开的生活起居，大师专程前往费城的天普大学；想要了解依法的学习情况，大师不辞辛劳，去美国耶鲁大学讲演；大师趁海外弘法之便，巡视各地道场，其实真正的用意，无非是想看看在海外开山拓土的弟子是否安好。大师忍耐风霜雨雪，受着暑热严寒侵逼，这份爱徒之心，恐怕只有为人父母者才能体会。

东京佛光协会的陈逸民先生有一次对大师说："大师！您真了不起，不说别的，光是适应这么多不同个性的徒众，想必要费很大的功夫吧！"大师未曾觉得自己了不起，因为他与弟子之间不是上令下从，而是思想的沟通，佛道的交流。所以，大师同中存异，欣赏他们不同的性格；大师异中求同，居间调和不同的观点。当他们请示事情时，他倾囊相授，用心指导；当他们前来告假销假时，大师招呼喝茶，款待用餐。大师不想以威权强迫他们接受自己的意见，故采循循善诱的态度，保其尊严。大师不认为自己是至尊至上的，"三分师徒，七分道友"的观念，让他察纳雅言，广集众议。

能做到"三分师徒，七分道友"，大小乘可以互为师，只要打开心眼；长官与属下，可以集体创作，同甘共苦；老师与学生可以"不耻下问"互相切磋，只要肯虚心学习；夫妻之间能彼此包容，只要互相尊重。为人父母与子女可以成为朋友，分享成长的喜悦，只要肯放下身段，一同成长，彼此可建立一个终身学习的圆满人生。

探索阅读

世间的真情哪里找？世间的美善哪里寻？"三分师徒，七分道友"，重视思想的沟通，佛道的交流，心灵的交会，佛门的师徒，以"心心相印"，传出千古佳话。

橄榄树与菩提树

由橄榄树到菩提树，树虽不同，菩提根性却相同；
不同的心情，不同的音乐，只因一念觉悟，
转迷为悟，由世俗的俗情走向出世超越的真情。

昨晚在法堂，一位师兄带了一张CD音乐碟片与众欣赏。歌曲是由学佛不久的齐豫小姐，演唱《般若心经》及《忏悔文》。师兄告诉我齐豫过去是著名的流行歌手，她学佛后已经很少唱流行歌曲，从此只唱佛教歌曲。多年不出唱片的她，受佛法的熏陶，颇有体会，为了分享法音的喜悦，净化社会大众的心灵，这张CD音乐碟片《因此更美丽》，就是她发行的第一片佛教乐曲，CD上的短文里写道："佛歌让我唱，已是恩典，岂容我再说写些什么，歌中自有佛在，而佛自在你每一桩善行、每一句善言和每一个善念里。"

记得在齐豫所演唱的歌曲中，最有名的是民歌《橄榄树》。由《橄榄树》到菩提树（佛歌），不同的心情，不同的乐音，只因一念觉悟，转迷为悟，由世俗的俗情走向出世超越的真情，由在世界流浪的一局，到宇宙虚空的无垠，由红尘的靡音，至清净梵唱。

觉悟了生命的实相，让她心存感恩："感谢佛陀教我舍得，感谢观世音教我慈悲，感谢张淑萍带领我到佛前并擦拭我的双眼，特别感谢姚谦和他那颗没有藩篱的心，当然最感谢的仍是佛歌让我唱。”感恩的乐曲最动听，感恩的心真美！

橄榄树，在西方被视为生命之树，希腊神话将其由来推源于阿西娜女神把第一棵橄榄树种在亚克波里斯的岩石间，并赋予它能量。《圣经·启示录》在一段关于地球未来荣耀光景的描述中，提到了“生命之树”，这片树叶就象征着国家的复兴。衔着橄榄叶的鸽子，除了告诉诺亚洪水已退的好消息，仿佛也在启示世人有关“生命”的信息。除精神生命的象征，在现实的世界里，千年以来，橄榄树珍贵、有益的果实滋润了人类的健康。

菩提树，又称觉悟之树、道树、道场树、思维树、佛树。2 500多年前，释迦牟尼佛于中印度摩揭陀国，伽耶城南菩提树下证得无上正觉。此树原称阿说他，意译为吉祥、元吉。其果实称“毕钵罗”，故亦称毕钵罗树。相传南朝梁时，僧智药自天竺移来菩提树，植于粤东，其菩提树子，表面有大圈，其纹如月，细点如星，称为星月菩提，亦可作为念珠。现今寺院普遍栽植之菩提树，即属释尊成道地之毕钵罗树。

经典记载：诸佛之成道，自度化众生之意义而言，皆为同一化仪，以此之故，过去未来十方诸佛之证悟成道，皆如同释尊，而各自有其“菩提树”。无独有偶，东西方两大宗教也皆以不同的树，来引导譬喻、启发人们的灵性。树虽外表有异，给人庇荫乘凉，生机却相同，人出生有南北地域之分，佛（灵）性却无东西之别。由橄榄树到菩提树，树虽不同，菩提根性却相同。齐豫小姐的歌声唱出了清净佛音，带给炙热的人间一股生机，处处清凉。

两周前我到佛光大学参加新任校长赵宁博士的就任典礼，校园内的山樱花树正在盛开，花朵绽放含笑迎人，令人赏心悦目。陪同前去的大学筹备处的法师告诉我，这片樱花树林，是几年前由许多有心人士捐助所栽种的，当时只是一片小树枝，现在已经成林了。目前还有许多校地也正在计划要栽种树木，我听了也欣然发愿，愿尽微薄之力植树。植一株树苗，以利后人乘凉，人生一大乐事！敬邀有志者，一同来栽植菩提根苗。

探索阅读

有人为追求生命的橄榄树，而背井离乡流浪远方；也有人为追求觉悟的菩提树，而舍弃王位离家出走。无论是追求生命的意义或解脱的方法，这种对生命的真情和勇于面对的承担，都值得喝彩。

搬柴运水皆是禅

丛林的生活里，搬柴运水都是禅，扬眉瞬目都是道。
丛林的生活教育是不能用眼、耳、鼻、舌、身、意六根向外攀缘的，
收摄六根，从内心观照，印证佛法。

在丛林里，重视生活与思想的教育，所谓“严谨的生活，开放的思想”。要启发学生自由的思想，由听闻、思维、修证入三摩地（三昧的境界），但生活教育里，要养成力行劳作实践，因此生活与思想教育一样重要。

在生活教育中，首先重视出坡劳作，出坡劳作就是工作的意思。进了丛林，不管你过去何等风光，是达官显宦还是才子名媛，一切世俗的名利都要坦然放下，叫你煮饭就“煮饭去”，叫你担水就“担水去”。搬柴运水，一切随缘随喜，信受奉行，无一例外，这就是解行并重，理事不偏废。

由美国念完书取得硕士学位的丽娟同学，回台湾后进入佛光山丛林学院就读时，刚莅院几天，老师就分配她到大寮（厨房）去典座（煮饭），因学院几十年来一直都是烧柴火煮菜，没有烧过柴火的她，组长交代给她的任务是照顾柴火，当她看见柴火快烧完了，看

看四周有一堆小柴枝，就顺手将柴火丢入，心里想：“太棒了！这些柴火尺寸大小还正好塞入火炉的门呢！”

不一会库头大人（负责管理厨房者）到处寻找“煮汤的牛蒡在哪里”？全组的人急着帮忙找，都找不到牛蒡，后来有人终于在火堆里发现牛蒡的灰烬，库头瞪大眼地高声询问：“是谁做的好事？”

丽娟傻眼愣住，说不出话来，好不容易清醒过来，才知自己将牛蒡当成柴火烧光了，一旁的大众早已笑弯了腰，没听过牛蒡当成柴火的事，创院以来，她是第一位佛光“金牌”纪录的缔造者。丽娟自动坦承认错，向大众忏悔，原本一肚火气的库头，看见她勇于认错，想到这起乌龙事件，也不禁既好气又好笑地原谅她。唉！只是可惜了一锅牛蒡汤呀！

多年来在佛门的丛林生活里，我深深体会到在佛学院受教育的学习过程是很幸福的一件事，生活教育与思想教育同时并重，在就学里经典论丛要深入，生活上则落实出坡作务。由出坡作务的训练中，让我参就佛法的真谛，日后无论遇到什么考验都甘之如饴。

在丛林里面，行止间特别注重威仪，所谓“三千威仪，八万细行”。上殿要排班，吃饭要过堂，举止进退皆有规矩，处处都要学习。刚入学的同学心里也许会想：“我们二十几岁的人了，还不会走路吗？吃了二十几年饭了，还不会吃饭吗？”这是因为不了解寺院的规矩。寺院不同于俗家，在寺院中，一举一动都是修行，走路吃饭睡觉都可以参禅，这其中是有很深妙的解脱境界的。所以，到了丛林里，就会感到自己确实是不会走路，不会吃饭。身心千般束缚，积年累月成了习惯，确实需要一一用心摆脱。

吃饭端碗，要如“龙含珠”；持箸搛菜，要如“凤点头”；睡觉要如弓箭般右卧，这是最健康及安稳的睡眠；行进走路，要像雁阵一字排开，上身不能动，像头顶着一盆油，四平八稳地走，在丛林里真是事事修行，处处法门啊！有一首偈语，很能说明这些律仪：

举佛音声慢水流，诵经行道雁行游。
合掌当胸如捧水，立身顶上似安油。

丛林的生活里，搬柴运水都是禅，扬眉瞬目都是道。例如一进寺院，就先叫你把眼睛收摄起来，把口收起来，要你心念凝注，不要乱看，不要乱讲。只要你随便看一下，纠察师可马上就给你一个提醒：“看什么？这里哪一样东西是你的？”你讲一句话，也会棒喝一句：“佛殿礼堂上，有你讲话的资格吗？”这不是严苛的训育，而是告诉你：丛林的生活教育是不能用眼、耳、鼻、舌、身、意六根向外攀缘的，要把六根收摄回来，从内心观照自己，在日常生活中印证佛法。

六祖惠能初见五祖弘忍大师时，老师以言语讥讽测验他的耐力与资质，确定他堪受教，随即令他去厨房修苦行，舂米作务，得法后嘱咐他沉潜，他经过16年猎人堆里养深积厚，终于龙天推出大演禅法，将禅宗发扬光大，流传后世。

参！参！参！搬柴运水都是禅，祖师参透了。

悟！悟！悟！我参悟透了什么？

探索阅读

人生还可以有另一种生命的态度，不妨一试：用简单的方式生活，用单纯的心念思考，用美善的心与人共处，用赤子的心与世界共鸣。这就是禅门的教育。

第三部分

丛林之树

选佛场里是一座美丽大花园，春有百花秋有月，夏有凉风冬有雪，花鸟四时唱歌说法，让我们心念光明，心向真理，身心融入大众，和合无碍。

懂得真理，实践佛法，人生处处是选佛场，时时皆入解脱门。

改变自己

人生最难的是改变自己，调整自己。

改变我们的观念、思维，改变了我们的心，就能改变我们的命运。

学院里安排每周周日的晚上电影欣赏、读书会，通过电影，来了解人文社会的变化，并通过研读座谈，让全院的师生欣赏，大家分享精华，彼此成长。

本周播映电影《把爱传出去》。这是一则真人真事，叙述一个12岁的小学生，为了完成学校社会科学科的作业，而想出一个可以改变世界的程序，从他帮助三个人开始，而这三个人必须分别再帮助另外三个人，这只是家庭作业的想法，却产生了极大的互动效应，先后影响了美国西部的大部分城市，并且轰动了整个美国。这位主人翁在接受采访时说了一句话：很多人会觉得痛苦，是因为他们一直想留在他们所习惯的生活里，不愿意接受改变。

是啊！人生最难的是改变自己，调整自己。因为我们已经习惯了某种的思维模式或行为模式。我们不愿意再去改变现况，这也是学佛后要改变过去的原因，改掉过去的不良习气，改变烦恼为菩提，改变生气为喜悦，改变嫌弃为包容，改变懒惰为勤劳，改变呆板为灵巧，改变贪欲为喜舍，改变我们的观念、思维，改变了我们的心，就能改变我们的命运。

三法印的第一法印“诸行无常”是告诉我们生活里一切会变化，最好的面对方法就是不断地调整改变自己，去面对困难挫折，突破困境。因此，学佛就是改变自己，改变天天忧愁的脸，不将烦恼苦闷悲愤感染他人，让人家不欢喜。而要改悲恼为欢喜，生活在现在的社会里，要改变木讷为有声音，不但要有动作，要有彩色，最重要的要有喜悦，散布喜悦给人是最重要的。星云大师提倡佛光人四大信条之一就是要“给人欢喜”，就是改变自己有喜悦的性格。

过去在佛学院里流行一句话说：“读了佛学院会让你面目全非。”的确如此，把面目可憎、愤世嫉俗的转为清新祥和、和睦处众的，把自私悭吝的改为慈悲喜舍的，当然会面目全非。

有一则故事说：一个人在制作面具，有一阵子朋友见到他觉得像魔鬼，又一段时期像菩萨般慈眉善目，朋友问他是什么原因？他想想，原来一段时间都在制作魔鬼的面具，一段时期在制作菩萨的面具，由于用心揣摩，相由心生，就呈现魔鬼与菩萨的相貌，这正如佛法所说：“心生则万法生，心灭则万法灭。”改变命运就要先改变自我，改变习气，改变观念，改变行为，让我们展现不同的新风貌。

人除非愿意自我改变，没有人能改变你，当你心念调整了，世界就转变了，有一首歌如此说：

当你微笑时，整个世界都会对你微笑，

当你大笑时，太阳也跟着通体明亮，

当你哭泣时，天空会跟着你掉泪，

所以停止叹息吧！捡回你的笑容。

从我初见到学院的某位同学至今，觉得她的改变最大，从调皮捣蛋的她，叛逆，桀骜不驯，转为懂事明理体贴他人的人，真是令人意外惊喜。

“如果你不满意现在你的生活，就要反省三五年前你的决定；如果三五年后你想过不一样的生活，就要从现在学习改变。”

“如果你不满意现在的面容，不必去动手术美容，只要用阿弥陀佛净心，就会呈现佛陀般的庄严相貌。”改变自己，改变学习的态度，改变生活的习惯，改变错误的知见，就能改变我们的命运，转凡为圣，转迷为悟，转悲为喜。

读佛学院不一定要出家，佛学院的教育是改变一个人，改邪恶为真诚，改嗔恨为慈悲，改悭吝为喜舍，改罪恶为善美，最重要的是在生活中改变自己，让自己具足慈悲喜舍。对生命更加透彻了解，让我们有更多种的人生道路可以选择，可以在佛门的各种事业单位服务，喜欢文教的从事文教，喜欢海外开拓，可到全世界去布教，喜欢慈善的可以到云水医院，去佛光精舍为老人服务，或是到监狱弘法布教，有爱心的可到育幼院照顾幼童。因此，在佛光山的各个事业单位里可见到许多师姑①及在家菩萨，她们终其一生在佛光山服务，年老了由常住安排住在佛光精舍颐养天年，一样活得灿烂自在。

总之，读佛学院让一个人的一生透过真理的学习，具足佛法，

---

① 师姑：在寺院中，全心为佛教奉献而未婚的在家女众，称为师姑。

所做皆办，让人法喜和禅乐日日增，有佛法就有办法，许汝身心自在。

探索阅读

“尝试”，是打破惯性的自己，改变即在起头中。下定决心，以一种欣赏的角度，细细观察，品味自己，对于常否定自己的人，是一种有勇气的改变。

龙藏宝库

图书馆的一书一图都是难遭难遇的因缘得来，
都是大师的慈悲心所成就。图书馆为大众营造了一个书香世界，
一入馆内很快就能凝神专注地畅游法海。

今日有远客来访，满果法师陪同浙江省社会科学院哲学所研究员，哲学博士陈永格先生来院参观，我一一介绍学院的组织设施，对研究员来说，图书馆是最重要的，陈先生最感兴趣的是研究馆的珍贵藏书，不断地称赞藏书丰富，佛光山果然名不虚传。

学院的图书馆一共有三个馆。一为研究馆，一为综合馆，一为期刊馆。综合馆内环境非常舒适典雅，有宽敞的藏书空间，静音设备的阅览室，这是教育院院长慈惠法师精心设计的。它的设计不仅从学生的需要来考虑，更为前来图书馆的大众营造了一个书香世界，一入馆内犹如置身书房中，很快就能凝神专注地畅游法海。

本山的图书馆有十几所，学院早期的藏书大都是大师捐赠出来的。为了让更多的人能够阅读使用，大师对于图书的搜集不遗余力，为图书馆留下许多珍贵的资源。几十年前，山上经济拮据，大师由微薄的所得辛苦攒存下来，有的由海外收购回来，一路还抱

在手上，亲手捧着法宝回山，让弟子们日后有图书著作研读。看到图书馆的一书一图都是难遭难遇的因缘得来，都是大师的慈悲心所成就。

丛林学院里的藏书有十几万册，有各类佛学书籍、四库全书，十几种藏经版本，泰、中、梵、巴、韩国、日文等，其中最珍贵的是研究馆里的铁眼版大藏经及龙藏，可称为佛光山镇山之宝，铁眼版大藏经是目前全世界唯一的一套铁眼版木刻本，是 1669 年刻印的。当初只刻印 2 套，一套原存在日本黄檗山万福寺，据说已遭火灾，唯一存下来的这一套是 1975 年 10 月 7 日，旅日侨僧仁光法师将世界珍贵仅有的铁眼版大藏经赠送佛光山，本山为尊重法宝，举行隆重迎藏仪式。

这部经典是用不同于现代的印刷方式，以传统木刻印制，并用传统线装本方式呈现，因此更显出它的价值。我每一回去翻阅铁眼版藏经，都会感动地想到铁眼神僧刻印的艰辛，倍加珍惜它。

铁眼藏又称日本黄檗山大藏经，是铁眼道光禅师于日本宇治黄檗山自灵元天皇宽文九年（1669 年）至天和元年（1681 年）所刻。

铁眼禅师是日本禅宗的僧侣，是第一位发愿刻日文版大藏经的人，因为那时只有中文版的藏经，这套藏经计有 70 余卷，可见工作异常艰巨。

他像乞者一样沿门托钵，筹募刻藏基金，少数同情者给他 100 元金币，但大多数人只给他小额银币。他以同等的感激向每一个奉献者致谢。整整过了十年之后，铁眼终于筹足了资金，准备开版了。

不巧那时宇治河水泛滥，发生严重的水灾，带来严重的饥荒。

因为慈悲心，铁眼不忍见灾民饥饿流离的惨状，他把募来印经的所有资金，全部用来拯救灾民。

饥荒过后，他重新进行筹募的工作。数年之后，资金再度筹足，要开版之前，全国又发生了传染病大流行，于是，铁眼又将他辛苦筹得的刻藏基金用于救助不幸的灾民。

流行病过后，铁眼第三度开始筹募印经的资金工作，历经一番辛苦，他的愿望终于实现了，终于把第一版日文大藏经印成，离他发愿印经的时间整整 20 年。愿力不可思议，到现在《铁眼版大藏经》初版的雕版还完整地保存在京都的黄檗山万福寺，被当成镇寺之宝。

日本人对他们的子孙说：铁眼不只刻这一套大藏经，他的前两套藏经无形无相，更感人，更深入人心。

铁眼禅师因珍惜众生的因缘，宁可延后大藏经的印刷，令人印象深刻，说明一个修行者对因缘的珍惜，在轻重缓急之间以大悲心作为抉择。

铁眼禅师最伟大的启示是，世俗谛与第一义谛是无二无别的。

龙藏又称清藏、乾隆大藏经。是清代由皇室下令刊刻的一部佛教典籍丛书。始刻于清代雍正十一年(1733 年)，到乾隆三年(1783 年)十二月全部竣工。全部经版均选用上好的梨木雕成，刻工精细，字体工整劲秀，佛像及版面也刻得生动美观。世界上只有两部汉文大藏经，龙藏是保存至今的一部，在世界佛教史上占有重要地位。

龙藏经版刻成后，初存于故宫武英殿，后因取印不便，于乾隆后期迁入格林寺存放。一直完好无损。解放后，格林寺及龙藏经版由北京图书馆接管,“文革”期间,该馆将其迁出放于寺外临时搭建的大棚之内。该版被一层摞一层垛放,高达三四米,编号全被打乱。从1966—1982年,16年间,因大棚漏水、积水,经版被浸泡、重压、虫蛀等损害。为了抢救这批珍贵文物,1982年7月市文物局接管了这套经版,将其移入智化寺存放。经统计,78238块经版中,已有3400多块被毁。后迁到云居寺77000块。

龙藏有一段轶事,其中一部是清末西太后寄赠日本西本愿寺的龙藏,是完备的全藏,现在仍珍藏在龙谷大学的图书馆。

佛光山的龙藏是在1994年时,中国佛教协会的赵朴初会长送给大师,全寺大众在头山门恭迎法宝回山,当年丛林学院参与捧法宝工作的同学们至今仍津津乐道当年的盛况,众多因缘的成就让佛学院的同学们每日坐拥书城,遨游法海,堪称人生一大乐事也!许多的学者教授到学院来都羡慕不已,纷纷赞叹大师办教育的慈心悲愿,及睿智眼光。

龙藏宝库,是我们的智慧宝藏,希望未来有志青年们一同到丛林学院来,在开卷中,深入经藏,游心于法海,智慧如虚空般浩瀚无垠。

探索阅读

珍惜众生的因缘,二度暂缓刻经,成就了铁眼神僧的大悲心。

铁眼禅师用一个修行者对因缘的珍惜,为世人说法,何谓世俗谛与第一义谛?其实是无二无别的。

以球会友

如何打好球？一个真正有武功者在于心，而非力！
故，打好球在于用心而非用力。
如何有心，是一颗永恒的心、不变的真心。

打篮球啰！让我们到东山打篮球去。

上周末，学院假普门中学篮球比赛，同学们兴奋地集中到球场打球，由我开球后，同学们来回在球场奔走运球，较量竞技。各班啦啦队在旁叫阵助兴，好不热闹，其中外籍班同学的啦啦队虽然年纪小，服装道具及歌曲最有创意及特色，成为大家瞩目的焦点。

打篮球，是师父最喜爱的运动，师父从年轻时就对它有份浓郁的感情，以前在大陆丛林学院读书时，院方只准学生打乒乓球，但大师却对篮球有份特殊的感情，自己砍了两棵树做球架，用木板钉一个篮板，扛了 20 捆树枝与打铁老板换一个篮球圈，用较平面的石头铺成一个篮球场，再用 30 多人的佛事傺钱，买一个篮球。每次打球时，都要请同学把风，以防职事们看到，有时打得太入神了，被职事“抓”到好几次，大师因此曾一度被开除离院，篮球几乎伴他度过 50 年的岁月。

提到篮球，这是我们在学院时最美好的时光之一，当年读书学院都有结界区（就像闭关精进修行一样），除了学院范围不能轻易踏过宝桥。当师父回山时，就可以越过宝桥到东山篮球场。每日下午 3 时是师徒以球相会的时间，全山职事或同学，任何人只要有兴趣都可以到东山的球场，随时可以进入场内打球。那段日子是我们每天最期待的时光，可以和师父及大师兄们一起共度好时光，在球场上除了可以打篮球运动之外，更重要的是培养守法及团队精神。

师父的球技好，又准又快，常常远距离投球，都是空心上篮，看得大家佩服不已。师父打球时多会观照全体，给大家机会，很少拿到球的弟子，师父会特别将球投给对方，给予对方机会，从球场上就可以见到师父的慈悲，能关照到大众，不疏忽一人，许多的沙弥因打篮球而开启出智慧。打完球后师父都会随机开示法要，许多人间佛教的理念都是在球场上传授的。

然而自从多年前师父跌伤了腿，就很少到球场，只留下空球架，平添一段记忆。

师父曾经开示："一个人修行、做学问、待人处事就像打篮球一样，要能彼此配合不单打独斗，讲究团队精神；现在的年轻人个人主义非常浓厚，做事不会掌握时间机会，也不肯认错，但在打球时，犯规要举手认错，抢到球则要掌握机会才能投球，故在球场中可以学习到慈悲、勇敢、认错，进而尊重对方。如何打好球？一个真正有武功者在于心，而非力！故，打好球在于用心而非用力。如何有心，且是一颗永恒的心、不变的真心，对于学道者很重要。"

打篮球要有六度的精神，要将球传出给队友（布施），助传方能上篮得分，打球要遵照球场规则（持戒），球赛中状况激烈，难免有碰撞或不愉快，一切要忍耐（忍辱），平时练球要勤劳，不能一曝十寒，除了球技之外更要有智慧谋略（般若），方能出奇制胜。

今日的全院篮球赛里，最紧张刺激的是最后一场老师组与冠军组的同学比赛，两队你来我往，战况激烈。东二班同学的球技好，抄球抄得厉害，策略佳，一上场就连拿 6 分，老师们起初都挂零，令我紧张得七上八下，在场边双手猛拍掌为老师们加油，全场同学也都热情地为老师们加油。幸好，休息一分钟后，稍微重新布局，老师们开始发挥实力，“刷！”空心上篮，连连得分，一路乘胜直追，终场老师以 14∶6 打赢了这场篮球赛。

篮球赛结束，颁发奖状，全院由东二乙班获冠军，丛二法务班获亚军，外籍、英文班获季军，丛二经论班第四名。我鼓励同学们，无论有没有得名次，志在参与，用意在运动，最终培养出同学间团队的默契，这就是办篮球赛的目的。

人生如一出球赛，需要平时不断地练习，多次地磨炼，上阵时才能从容应战，知己知彼，打赢胜战，赢了也要感谢有对手一起参赛，方能成就一场篮球赛，以球会友，以球传法，打篮球是人生的另一种教育。

探索阅读

每一个人的手中都有一颗球，那就是自己：拍球、打球、运球、投球，如何发挥自己，将球打好，全靠自己用心，配合别人，集体创作，方能成就一场赛局。

掌握时间

人生都是很公平的，一天24小时，有善用时间者，
能在有限的时光里，积极努力，将生命圆满实践。

全院的同学们：

上周全院周会里，听到一些同学在生活检讨里，谈到少许同学上课迟到，不守时间，令我担心你们的学习态度，也发觉你们的时间管理没有方法。因此，虽然目前我人正在马来西亚弘法，举办短期出家修道会，常住大众非常忙碌，授课、佛事、典座、行堂不断进行，仍然要拨出时间来告诉大家如何管理时间，分享“时间管理的诀窍”，希望对大家有帮助。

人生来这个世间，心里一定要建立：“活着就是要动，活着就是要忙。”什么人不忙？往生到棺材里就不忙了，醉生梦死的人不觉得忙，花天酒地的人不觉得忙，不忙就是在等死，就是在慢性自杀，将生命慢慢地消耗殆尽，直到灯枯油竭，人生怎能不将自己忙起来呢？忙着工作，忙着服务，忙着读书，忙着做义工奉献，忙着为大众服务；忙得身心脱落，忙得忘却时空，忙得无我、无人、无他、无所

得、无所求，忙得身心自在安乐。

忙，既然成了生活常态，时间管理益发重要。我们的师父星云大师这一生颇引以为傲的就是守时。养成他数十年守时的习惯，是他小时候无意中在洋学校的课本上读到这么一段话："短衣短裤上学校，从不迟到半分钟。"一个平淡的句子，却养成他一辈子守时的好习惯。尽管一天下来，总是忙碌到半夜，翌晨有事，时间一到仍然自然会醒来；和人约会，准会提早出门。最不可思议的是录电视节目，每集平均约需预录4分钟，他总是前后差不到15秒，而且从不需要重录，录好的带子事后更不用剪辑。让一群工作人员为之佩服，说他好像"在袍袖中藏了一个闹钟"。

师父善于事前规划，并懂得巧妙运用琐碎时间。想当年师父在丛林参学，纪律严过军队，早上穿衣梳洗只有3分钟，他前一晚就想好衣服脱下怎么摆，被单怎么折，东西如何放，明天才能顺利做完。因此他排班上殿时，总能站在前3名。这种功力延续至今，他可以在飞机上写文章；在车上回复传真；每经过一根电线杆都可以念一声"阿弥陀佛"。

走过宝桥，3分钟里可以打一篇开示的腹稿，一俟抵达法轮堂，就可以口若悬河般地为大众开示，句句都说到大众的心坎里去。当很多人一起来谈事情，他可以同时眼睛看文件、耳朵听报告、口中回指示，有条不紊，总是令人皆大欢喜。

师父曾远赴泰北，深入丛山峻岭不毛之地弘法义诊。一路上山路险，险如登天，大车换小车、小车换骡子，某些人迹罕至的村庄还要借搭泰国军方的直升机才到得了。然而看见这群流落异乡的同胞，师父他不但以金钱、物品、医疗救他们的身体，更以佛法拔苦与乐，安慰创痛的心灵，受到众人热烈拥抱。泰北第三军李文焕将军的女儿李健圆小姐后来也来到台湾，在佛光山住了三天，离去时热泪盈眶：“师父对我们泰北同胞真是恩同再造！”

大师为众生忙碌，为传播佛法忙碌，他的一生没有假期，经常路上办公，分秒必争，他提倡“人生 300 岁”，期许自己的人生要精进，也确实做到 1 天当 10 天用，1 年当 5 年用，分秒必争地奉献服务，从不浪费 1 分钟。

修持有多门，汇归菩萨行。过去几十年来，师父行脚的辛苦毕竟没有白费，在世界各地洒遍莲花种子，结下善因佛缘。这都是师父善用时间，懂得时间管理的窍门，因此能够将人间佛教弘扬到全世界，在世界的每个角落建设人间净土。

我自己也深切地体会到，当年在佛学院读书，老师的慈悲，安排我去典座煮饭、行堂，乃至后来担任厨房管理的库头一职，同时要做好几件事，这都是训练我，在忙碌的学习过程中，善用时间，管理时间，把握每一分每一秒，也因此造就我到海外弘法，也能够充分掌握时间。如果说今日的我有少许成就，我都要感谢师父的言传身教，启发我掌握时间管理的诀窍，老师给予我的磨炼，让我的学习过程里不找理由，不浪费时间，在忙碌中努力用功，福慧双修。

同学们，人生都是很公平的，一天 24 小时，86 400 秒，谁也没有比谁多 1 分、少 1 秒，唯有善用时间者，能在有限的时光里，发心尊重自己的生命，积极努力，发心读书、发心奉献、发心服务、发心包容、发心将生命圆满实践。我祈愿你们都能找到生命的真谛，善用时间，把握有限的生命，用心学习。祝身心自在，福慧双修。

院长满谦于马来西亚东禅寺短期出家修道会

探索阅读

“过去”的时间已经悄然消逝，永不回头；

“现在”的时间如箭一般飞走，转眼即逝；

“未来”的时间犹在慢慢接近，擦身而过；

“当下”的时间能够即时把握，刹那永恒。

——星云大师法语

走过宝桥

一座宝桥横跨两座山岭之间，连结了人间与净土，
自然而然比对了两个迥异的世界。桥的彼岸，尘世喧嚣；
桥的此岸，暮鼓晨钟，宁静庄严。

早课修持圆满，下了殿，走下大悲殿的阶梯，马蹄兰花洒落在素色袈裟衣肩上，随手抖落，让花飘洒在绿色的大地上，回归大自然，化作春泥更护花。不带牵挂沾染，以无所求之心，如实地走过宝桥。望着苍翠的修竹，潺潺的流水，桥下莲花亭亭玉立绽放着，朝山会馆的宝盖屋顶，衬托宝桥旁茂密的大树，树干向水边蜿蜒作礼，远处的大佛伫立，仿佛对我招手说法，精进啊！走向光明，走向自在，走向解脱。

宝桥是丛林学院师生们的最爱。多少人走在桥上得到灵感，多少人因它而得度，因它而纾解烦恼。过去大师在前往会馆会客或是要去法轮堂开示前，都在经过宝桥这短暂的时光里打腹稿，思考对今日的来访客人所说法义，无数的众生由此得度，心灵蒙获滋润。

宝桥，多美的因缘！几十年来许多的善男信女走过，向观世音

菩萨表达虔诚的礼敬，解脱了烦恼；许多的莘莘学子，由此踏入学院研习佛法，又经过宝桥走向成佛之道，走向全世界传播和平的法音。宝桥是传播真理的桥梁，沟通了凡夫的我们与诸佛圣贤，以心印心，日日与清风凉月为伍。

宝桥是由大师根据佛经里宝桥度佛陀一段甚美的历史公案而命名。印度时代，佛陀的弟子中有神通第一之称的目犍连，其神通灵敏，耳朵听声音，不论远近都能听到；眼睛看东西，不受物体的阻碍，都能看到；无论多远的路程，刹那间即至；他更常常显现神通变异，助佛宣扬。

有一次，舍卫城的人民联合公宴，供养96种出家的宗教徒，并请波斯匿王和太子群臣作陪，宴席设在阿耆河对岸的大广场上，目犍连是第一个先到的上宾。

过了一会，众多的外道都纷纷前来受供，他们都想先到而取得第一席位，但因河水忽然暴涨，无法过去。正在这时，目犍连远远望见佛陀带领诸弟子威仪安详地走来，立刻在河水的上面，化作一座宝桥，用香花绸缎，种种七宝装饰，等候佛陀从上面走过。

当佛陀的圣驾还没有光临的时候，那些外道看见这一片汪洋大水，心中想着："今天河水忽然高涨，我们不能渡河受供，等一会佛陀和他的弟子们来，有什么办法呢？"他们正在这样想时，目犍连所化的宝桥成功了，他们非常欢喜，嘈杂相争说道："沙门来迟了，天意造桥给我们先过，我们当作宴会的上宾，首席的座位应由我们来坐。"

诸外道说后，都争着从桥上走过，走到桥的中心，忽然"哗啦"一声，桥梁折断，大家都堕入水中，一片哀呼求救之声，震动了原野。

佛陀到达时，宝桥依然恢复如常，佛陀和诸比丘走在桥上，见到桥下诸外道随波逐流地在水中挣扎，大生慈悲，即刻运用神通大力，把外道一个个从水中救起，并且叫外道跟随身后，然后次第安详地走过，宝桥随即隐没。

当佛陀和诸弟子在受供时，诸外道因衣服潮湿，每个人都向着太阳而蹲坐，希望快点把衣服晒干。

这一次舍卫城联合供养的公宴，使诸外道都觉得自己微弱的灯光，实不足与那如日月之光的佛陀和其弟子相比，大家都悔改，并成为佛陀的弟子。宝桥度佛陀，就留下了这么一段美丽的历史，让人怀念佛陀的慈悲及目犍连的神通化现。

宝桥下竹林密布，莲叶布满水池边，池畔白莲花悠静地绽放着，洁白的莲花让我忆起了佛陀的一生与莲花的因缘深厚。佛陀诞生前，摩耶夫人曾做了一个奇特的梦，她梦见一只雪白的大象衔着一朵白莲花，进入宫殿，在她卧榻周围右绕三匝后，再从她右胁钻进腹中安住，不久她就有了身孕。

在快接近产期时，摩耶夫人依照印度的习俗，回娘家拘利城待产，途中经过蓝毗尼园，花园百花盛开，池塘里红、白、青等各色莲花一齐开放，它们静立水中，似乎在等待伟大奇迹的出现，花园里的其他奇花异草也似乎屏住了呼吸。摩耶夫人看到无忧树上绽开美丽的花朵，情不自禁伸手摘取，突然她感到阵痛，于是太子就诞生了。此时地动山摇，天空降下莲花雨。女仆们走上前来，想抱初生的太子，但他却自己走了起来，向东西南北四方各走七步，而且他每走一步，脚下都长出一株巨大的莲花，令她们惊讶不已！

当净饭王请仙人为悉达多太子命名以及领他入学拜见先生时，都有莲花雨落到他身上，后来悉达多为了世人找出一条解脱生老病死的真理，他脱离尘世的欲望苦心修炼，终于战胜了贪嗔痴等恶魔，成了解脱真理的胜者——佛陀。证悟后的佛陀，以慈悲无私的大智慧、大悲心，在恒河两岸16个国家之间，竭尽心力地为众生说法49年，使无数众生脱离生老病死的苦恼。

一座宝桥横跨两座山岭之间，连结了人间与净土，自然而然比对了两个迥异的世界。桥的彼岸，尘世喧嚣、人声嘈杂、游人如织、川流不息；桥的此岸，暮鼓晨钟、庄严宁静、院舍清爽、绿竹掩映，宛若世外桃源、人间净土。

遵循着佛陀的真理步伐，跟随着大师的脚步，走过宝桥，丛林学院的同学们，走向各处弘法，走向社会服务，走向全世界撒播和平的种子，宝桥年年岁岁，承载着学子们走出安详、走出宁静、走出自在。

走过宝桥，宝桥的树依旧苍翠，飞天的灯柱光明普照，栏楯扶手依然怙护着众生。

探索阅读

宝桥在哪里？只要觉醒，我们每天都走在宝桥上。觉性是我们心中的宝桥，引领我们走出黑暗和迷途，通向正觉之城。走过此桥，跨过彼岸，迈向世界。

选佛场上

真正有慧眼的人生应该要找一个“选佛场”。
选佛场在哪里呢？在自己的信仰里，
在自己的智慧里，在自己的心灵里。

今日一群海外青年们莅临本山参访，由丛林学院的英文佛学院同学们协助带团，前往如来殿的途中，经过“选佛场”的牌楼前，男生、女生七嘴八舌地问：“什么是选佛场啊？”一个青年说：“社会上要选领导人，佛也要选吗？”一位年轻朋友禁不住好奇心，私下特地向我询问：“选佛场究竟是什么地方，为什么佛也要选？”我说：“是啊！领导人要选，佛更要选，佛光山就是人生的选佛场，是一个慎选诸佛菩萨的大道之处。”

“选佛场”是唐朝时代丹霞禅师留下的一段公案。丹霞年轻时原本是一个学儒的读书人，饱读四书五经，通达孔孟之道。当他前往长安欲参加科举考试的途中，遇到一位禅者问他：“仁者往何处去。”他答：“选官去。”意思是去参加科举考试，考中了就可以应选补缺做官。禅者说：“选官何如选佛！”言下之意是做官哪能比得上做佛呢？禅者分析做官与修道成佛的意义让他了解，丹霞听了大为感动，决定放弃参加科举考试去选佛，他好奇地问：“选佛当往何所？”禅者回答：“今江西马祖大师出世，正是选佛之场。”这个因缘让丹霞禅师的一生经历了重大的转折，随即进入佛门学习。庞居士的偈颂为他呈现出最贴切的写照：“十方来一会，各自学无为。此是选佛处，心通及第归。”从此为后世留下“选官不如选佛”的美谈。

《缁门警训》说：“夫选者，选择之谓也。有去、有取、有优、有劣，施之于科举，用之于人才，此先王所以砺世磨钝之具，非所以选佛也，使佛而可选也。”后来禅门中沿用选佛一词，说明学习成佛的过程。

禅者说：“选官何如选佛！”意思是做官哪能比得上做佛呢？做官只是一时的功名显赫，短暂的荣华富贵，如过眼烟云，不能长存于世；修道成佛则能亘古今而常存，历沧桑而不变。做官必须是为了要治理好国家，为了老百姓的安宁幸福，强国富民竭尽才智，才算是好官！虽然如此，也不一定能带给多数人民无量的利益。反之，修道成佛，带给众生无数的利益，犹如金刚经所云：“皆令入无余涅槃而灭度之。”让众生都能彻底解脱，永离生死苦海，所以选官何如选佛。

大师在《迷悟之间》里说：“真正有慧眼的人生应该要选一个‘选佛场’。选佛场在哪里呢？在自己的信仰里，在自己的智慧里，在自己的心灵里。为什么要有‘选佛场’？选佛场里有什么？选佛场里，说话要选说好话，做事要选做好事，思想要选好的理念；在选佛场里，朋友是诸上善人，家人都是大善知识；在选佛场里，有善缘，有好运，有春花秋月，有慈悲喜舍，任你选择。”

选佛场里是一块净土，在里面没有恶人的干扰，没有损友的陷害，没有嗔忌的恶言，没有政治的迫害，有的是清净安乐，祥和满足，选佛场里是一座美丽大花园，春有百花秋有月，夏有凉风冬有雪，花鸟四时唱歌说法，让我们心念光明，心向真理，身心融入大众，和合无碍。

佛陀证悟成佛时，宣说众生都有成佛的性能，因此这个世间是一个选佛场，日常生活中无数大小的事情就是大小不等的考试，各人交出各人的成绩单，同一种考题，每一个学生答案都不一样，每一个人成绩也不同。考试题目本身没有好坏可言，但是每个人应考的心情不同，每个人的答案就有程度的不同。人生中所遇到的大小事情就是大小的考试，就是在选佛，选得中的人，就能当下自在，活在净土里。

懂得真理，实践佛法，人生处处是选佛场，时时皆入解脱门。

探索阅读

人生犹如一段旅程，常常要在十字路口作选择。选到崎岖不平的路没有人会欢喜，走在平顺风光明媚的路途上，没有人愿意将幸运走尽。人生是一个大冶洪炉，你已走进其中，希求美好的际遇，厌恶不幸的遭遇，何曾是你来此一遭的原意，欢喜与痛苦都在当下一念。

悲智愿行

"悲、智、愿、行"不是空的口号，而是要人人都具备的德行，
四弘誓愿，更是每一个大乘行者所应奉行。

"佛光山上，殿宇辉煌，佛光山上，圣贤流芳………悲智愿行，四大名山的榜样"，耳中传来同学们阵阵的歌声。为了《人间音缘》歌唱比赛，学院的同学们无论男众女众，大家都铆足了劲在练唱，这首新版的佛光山之歌，成了大家的最爱，走到每一处皆可听闻这首歌。歌词中"悲智愿行"就是学院同学学习的模范，丛林学院创办人星云大师希望弟子们都能具备这四大菩萨的精神。走到学院宝藏堂的阳台上，一排排的塔灯旁，丛林学院的院训"悲智愿行"立即显现在眼前，随时提醒大家效法四大菩萨的精神。

"以教育培养人才"是大师创办佛光山的首要宗旨，有鉴于办学的重要，所谓"人能弘道，非道弘人"。大师在 1964 年，于高雄寿山寺创办"寿山佛学院"，不但一偿"以教育培养僧才"的初衷，也落实了"寺院即教室"的理想。

1967 年，学生人数渐多，为了让学生有一处专心静修的环境，

乃于高雄县大树乡创建“东方佛教学院”，后更名为“佛光山丛林学院”。

僧伽教育开办以来，今年已是40周年，目前学制分为中国佛教研究院、男众学部、女众学部、日文佛学院、英文佛学院、胜鬘书院、电视佛学院、天眼网络佛学院等。

分布于中国香港、马来西亚、澳大利亚、印度、巴西、美国、加拿大以及非洲等海内外16所佛教学院，是佛光山培养佛教弘法人才的摇篮，是分灯五大洲的根源。大师创办佛光山丛林学院的期许是：

> 自由的思想，严肃的生活；平凡的人生，崇高的境界。
> 克己的言行，普利的心胸；短暂的生命，永恒的未来。

丛林学院的设立理念在追循佛陀精神，培育学生的慈心悲愿，发挥僧团的和敬融和，与护教为法忘躯的精神，光大佛法、续佛慧命，并继承佛教传统文化，授予学生广博的人文及自然科学知识，培养其深入社会、服务世间的愿力与能力。

佛学院之所以提倡悲智愿行，是由于佛教讲究智慧，但尤重慈悲，重视慈悲，更重愿行。诸佛菩萨都是依靠悲智愿行成就道业。佛教要兴隆，佛教徒必须要有悲智愿行；佛教所以衰微，也是因为佛教徒没有悲智愿行！

大悲殿是佛光山所建的第一座殿堂（于1971年4月落成），为丛林学院学生们朝暮课诵的地方，除星期日外，平常并不开放。观音菩萨的灵感事迹，常在信众间流传，只要是来过的人，对这尊20

尺高的白衣大士，都会有股亲切之情。

由于观音菩萨的慈悲摄受，大悲殿四周到处蝉鸣、鸟叫、鸽飞，乃至松鼠在殿旁、宝桥间的竞走，成为丛林学院的特色，也是青年学僧们引以为豪的景观。

与大悲殿遥遥相望的大智殿，位于佛光山东山，为丛林学院男众学部学生朝暮课诵的殿堂，不对外开放，供奉文殊师利菩萨。当初大师在建大悲殿时，是希望女众弟子都能有观世音菩萨的慈悲；在大智殿课诵的男众，每个人都有文殊菩萨般深具智慧而达到弘法利生的心愿。

地藏殿内地藏菩萨“地狱不空，誓不成佛”的“大愿”，及普贤殿内普贤菩萨的“大行”都是信众膜拜朝山的殿堂。佛光山是本着四大名山的精神而兴建此四大殿堂，并取其“悲、智、愿、行”的法门，作为丛林学院的院训。

回顾历代的古圣先贤，佛陀在菩提树下金刚座上立愿“若不成佛，誓不起座”，阿弥陀佛发四十八愿，药师如来十二大愿，文殊、普贤、观音、地藏，也是以慈悲愿行为实践行门。玄奘大师西天取经，沙漠失水，“宁向西天一步死，不往东土一步生”；鉴真大师到日本弘法，六次遇难，大海漂流，发誓“为大事也，何惜生命”？

四弘誓愿，更是每一个大乘行者所应奉行，对现代佛教徒所应奉行的法门，吾人应考察自己的悲智愿行有几分，每年度多少众生，每年读多少经论？每年为人服务多少？我发了什么大心？我立了什么大愿？我实践了什么行门？我完成了什么修行？“悲、智、愿、行”不是空的口号，而是要人人都具备的德行。

到丛林学院来的学生，都带着虔诚的心理，带着为求佛法、求真理的心情而来，平常在学校里追求知识，研究学问，大体都是向心外去追求现象界的事物，也就是追求外在的客观知识。大家到丛林学院来，则不是向心外去追求，而是要向心内去探讨自己心灵本性上的真理。到丛林学院来，这里有良师益友可以作为入道的助缘，通过佛学院的教育，佛法的熏染，可获得真理的法宝，解决人生的苦恼，让我们拥有一个光明美好的未来。

探索阅读

当我行佛时，“悲”恼远离，观世音菩萨就不必再寻声救苦了。

当我行佛时，“智”慧圆满，文殊师利菩萨就无需磨那把剑了。

当我行佛时，“愿”已如偿，地藏菩萨就可以成佛去了。

当我行佛时，“行”无可行，普贤菩萨的愿行就圆满了。

易地教学

"易地教学",让学生能够打开心胸,
走到大自然、社会里、群众中学习,
随着时代的脉动发展来开拓视野,增加阅历。

上个月,韩国东国大学隆重地授予"荣誉哲学博士"学位给星云大师,典礼后东国大学校长洪起三,特别恭请星云大师对来宾开示,星云大师对教育的要义提出四个看法:

教育第一要义,要自觉力。人能自觉,领悟生命,自我提升。

教育第二要义,在执行力。实践,做出生命的力量与发挥生命的意义。

教育第三要义,是国际化。天涯若比邻,不能自己关起门来陶醉,要走到国际上学习。

教育第四要义,是人间化。教育必须与人间,与社会相连在一起。

星云大师对现代教育的看法,是随着时代的发展演化作创意的改革。40 年前,佛教大多是采取闭关、封闭、保守的教育。30 余年前,大师即以前瞻性眼光派遣弟子们到日本、美国、英国等地去留学；在丛林学院开办英文、日文佛学院，聘请国际著名学者教授任教，培养弘法人才，从无到有，造就今日佛法传遍五大洲，全世界200多个道场，这都是大师的度量与宽阔的视野。

走过40年的办学岁月，最近佛光山的僧伽教育会议有一项重大的改革，丛林学院对于教育培养人才，大师指示未来的教育方针要开放“易地教学”，让学生能够打开心胸，到大自然、社会里、群众中学习，随着时代的脉动发展来开拓视野，增加阅历。

这也是多年来大师主张“佛教要走出去”的具体实践，其课程是让社会有心学习的青年们，经过丛林学院一年的佛学、哲学、历史、文学等通识基础课程，考试检定合格后，经适当的保证者，海内外学杂费、食宿、机票，由佛光山资助，日文系学生可到日本修学一年，英文系学生可到美国或澳大利亚修学一年，葡萄牙文系、西班牙文系学生，可到南美洲去修学一年，经过两年学满后，由佛光山派到全世界各国实际应用语文，实习服务一年，未来亦可申请到佛光山海内外单位就职工作，一展所长。

大师一向认为，教育只要尽其在我，努力耕耘播种，一旦开花结果，不一定只留给自己欣赏，也应该让世人共同分享。正是这种无私的大悲心精神，大师创建南华大学时，头四年免学杂费，让贫困学生得以就学研读，为社会造就许多优秀人才。

无独有偶，最近美国哈佛大学课程，30年来首次作重要改革，改革课程的重点是增强大学生基础教育，更深入及实际了解科学，强化学生国际知识，更广泛探索世界事务，鼓励学生赴国外求学。

哈佛的这项改革建议，在强调哈佛大学学生的自然科学基础时，也要求应一如该校过去所做的那样注重人文与社会科学。建议也强调，哈佛有义务培育该校学生不仅成为美国公民，也是世界公民；不仅能自知，也有能力了解其他国家与文化。

精英学府哈佛大学是世界著名学府，办学改革三十年后的今天，哈佛大学再度提出大学课程的中心，除了个人之艺术、数学、历史与语言之修养外，更强调自然为基础核心课程，并扩大眼界，增加学生的国际观，使人与人、国与国有更多的了解与互动。这正与办学 40 年后，大师提倡开放性的“易地教学”，鼓励学生到海外打开视野学习，不谋而合。

现代的科技发达，国际社会变迁迅速，自然环境不断遭受破坏，在 21 世纪的教育课程改革上，应该朝向多元性及人性化的课程设计，教育不应因循守旧，要让青年人得到最好的教育，让学生了解自己与社会、国家、全世界的同体共生关系，方能建立共存共荣的生命共同体。社会大学教育如此，僧伽大学更应如此，40 多年来大师高瞻远瞩的眼光，对教育永不厌倦的施教精神，不断地教育改革，其教不倦、诲不厌的精神与前瞻性的毅力，令人感动。

从哈佛到佛光山，“双佛”的教育先贤，把学生朝良好训练的知识、智力技巧和思维习惯的方向引导，扩大国际视野，加强人文素养，实践教育的理想，值得大学教育改革者参考学习。

探索阅读

僧伽大学教育也要与时代结合，不能因循守旧，落入窠臼。易地教学的改革精神，旨在让年轻人得到最好的教育，就是与社会、国家、世界同体共生，建立共存共荣的生命共同体。

选才选佛

佛门的选才犹如选佛，选哪一尊没有一定的标准，
有的有愿力、道心、道念、智慧、慈悲心，谁能入选通过，
得看自己的平日表现。

“院长，我能约个时间与您谈话吗？”

“院长，您收到我的信了吗？”

“您收到我的出家《申请表》了吗？”

“我的入道申请通过了吗？”

由云居楼过堂后，走回学院的途中，经过选佛场，学生们陆续跑来询问，关心何时能够得到批准出家或入道的通知，一个个关切的眼神，向我诉说他们的心愿与期盼。

平时见到同学点头快也很容易，最近点头似乎颇为困难，不能轻易地点头或摇头，因为一个点头要承担起重大的责任，常住要负担照顾他的一生呀！也不能轻易地摇头，免得同学失望难过。

人的一生，有好多的选择，有人选择结婚，有人选择单身，有的选择从商，有的选择做官，有的选择行医，只要喜欢，只要与兴趣相近，都可以自由选择。总之，人要选择一个自己喜欢的未来志向，

选择出家或入道都是个人的意愿，老师们尊重每个同学的选择。

选择一个宗教，选择一个未来，选择一门学科，选择一位老师，选择一项职业，选择一个人才，选择一个伴侣，总要睁开我们的慧眼，方能作出不后悔的决定。

企业界的老板如微软公司比尔·盖茨是世界首富，功成名就后想要为世界贡献，到中国大陆设立研究机构，选出最优秀的一批人加以训练，将所有研究成果公布于世，分享给全世界，而在微软公司全世界优秀人才中，有600位是未来将选择继承为微软的总裁、副总裁或执行总裁的人选，哪一位能入选呢？什么人最适合呢？选取的标准为何？都有一定的选拔标准及过程。

佛门的选才犹如选佛，选哪一尊呢？没有一定的标准，有的有愿力，有的有道心、道念，有的有智慧，有的有慈悲心，有的有强大的执行力，无论慈悲或智慧都好，都是本山选取出家或入道的标准之一。哪一位能入选通过成为出家人或担任师姑呢？得看自己的平日表现。

每年农历四月初八日，为佛陀释迦牟尼佛的诞辰纪念日，今年本山将举行剃度典礼，许多丛林学院的同学及本山的职事们，在历经三年的学习后，发心要出家或入道当师姑，学部的老师们及传灯会（佛光山法脉传承的机构，犹如家庭中的家长般，照顾徒众的身心健康、福利、人事调度等），最近忙着审核洽谈，一关关地核审问话，务必正确了解出家的动机及未来的人生目标，真的比过五关还严格。

首先安排到大医院作健康检查，了解身体情况后，除了导师初审外，同班同学的意见也是参考之一，征询父母同意，复经全院老师们二审，组成老师五人小组团体三审评鉴，然后由传灯会三人小组四审，然后综合复审，如此层层筛选过滤，再请长老法师面试问话，最后呈请大师过目，大师除亲自面谈开示，确定道心坚定不移，方才点头允诺收为出家弟子。

经核准后，常住大众忙着为其筹备圆顶工作，准备项目繁多，衣单及物品等需一一备办，圆顶①前安排忏摩②，然后开始剃度，百位同学一旁赞颂为其唱《剃度法语》歌曲，剃过头，盥洗后换上僧服，等待隔日举行正式的典礼仪式，方才完成这项剃度典礼。

严格把关是本山出家及入道审核的要旨，因出家后学习成为布教师，在人格的健全及佛法的要义深入等方面，道心的坚定与否、人际相处、情绪稳定等都是考虑的重要因素之一。

丛林学院的教育体系健全，学生出路非常多，学生毕业以后，可根据个人志愿、佛教需要，参与佛教文化、教育、慈善、修持、心灵辅导等事业，推动各种弘法布教活动，发挥所学，学以致用。

学成后有的志愿出家弘法传道，有的入道成为师姑，师姑又称学法女，受持六法戒，终其一生单身为教服务。有的在家众同学，亦可就自己的兴趣及能力，从事各种佛化事业，或担任檀讲师、檀教师或参与佛光协会行政工作，及各种社会服务事业，资秉优异者，可投考本山所设之研究部继续进修，或报考本山于美国所办之佛光大学、南华大学、西来大学佛学研究所，或推荐至日本佛教大学等海内外佛教所兴办的大学深造。

---

① 圆顶：即完成剃发而呈现出家人之形相。此为象征出离烦恼之相。

② 忏摩：意译悔、忍恕。谓乞请他人忍恕自己之罪过。

毕业后，可申请至美国、欧洲、澳大利亚、南非、印度、日本、马来西亚、印度尼西亚、中国香港等国家和地区参与实际弘法布教的工作。

读佛学院不一定要出家，学院毕业了可以到世界去弘法，读万卷书行万里路，可以识万种人，做万种事，最重要的是培养悲智愿行的德行，学以致用，将才华发挥，奉献社会，服务众生，一同携手行佛，走向世界，圆满人生。

探索阅读

写出佛心佛语，众生看了远离苦恼，就是观音的法门。

常说佛话佛理，众生听了心开意解，就是文殊的法门。

出去救助急难，众生困苦灾难解除，就是地藏的法门。

净化社会人心，众生烦恼障碍转化，就是普贤的法门。

愿是力量

4 岁的眼睛，能看见什么？小女孩真实观照的双眼，
如同观世音菩萨慈眼视众生，发愿救苦，
这股愿力成为生命的动力，开始实践，以行动来救苦救难。

愿力，愿是力量，愿是目标，愿是理想，愿是光明的希望。愿力，是成功的动力。所有的诸佛菩萨，没有一个不是从“行、愿”成佛的，阿弥陀佛四十八愿，药师佛十二大愿，文殊、观音也都有十二大愿，甚至，释迦牟尼佛坐在菩提树下，也是靠坚定的誓愿：“我如果不能成等正觉，发誓不离开这个座位。喜马拉雅山可以成为大海，大海可以成为高山，太阳可以变成冷的，月亮可以变成热的，无论世界如何地变化，我释迦发的愿，绝不会改变。”由于这样坚定的意念，他夜睹明星而成正觉，可见愿力实践的重要。

前阵子友人发来一篇文章，文中问：4 岁的小女孩眼睛能看见什么？

爱西上幼儿园时，老师把一碗小鱼稀饭递给她，她突然吃不下去，她看见所有的小鱼张着大眼瞪着她：“这些 baby 小鱼应该跟爸爸、妈妈在海里玩耍，为什么统统跑到我的碗里？”小鱼哀伤的眼

睛，深深地触动了她幼小的心灵，她没有掉泪，只是轻轻地把饭碗推开。

从那天开始，小小的心灵跟自己有了一个暗暗的约定。她还是跟往常般嬉笑玩耍，唯一不同的是，她开始有点“偏食”，起初并没有人注意到，是后来她到麦当劳吃饭时，阿姨发现她一反常态地只点了色拉和薯条。到了奶奶家，她也不再吃她最喜爱的排骨和煎鱼，奶奶心疼地直嚷着说：“是谁要她吃素？小小年纪怎么会吃起素来？”大家一再追问，她却从来不答。

有一天，妈妈在她的小书包里发现了一本护生故事，妈妈于是趁机又问她为什么要吃素？她这才把小鱼眼睛看她的事告诉妈妈。“动物实在好可怜！”说着说着，她泪眼汪汪地哭了起来。4 岁的眼睛，能看见小鱼在生死大海里的挣扎，照见人间的悲悯，她开始发愿决定尊重生命——吃素食。

当她又看见电视上埃塞俄比亚的孩子，用无助的双眼凝视着她时，她餐盘里的鸡肉就咽不下去。“我想把鸡肉送给他们！”爱西告诉奶奶，她想把食物送给家里附近没饭吃的小孩，祖孙二人开始沿街敲门，很快地消息传了开来，她的家里顿时变成了食品救济中心。圣诞节前一天，她第一次发放食物，结果送出 1 000 多件，NBC 及其他媒体争相报道，四方打来的电话响个不停。第二年，一共动用了七个壮汉，才把食品抬上卡车，分送各地。

后来，台风过境，她又增加了衣物的发放。有一天，有个小男孩在街上被流弹射中，他的父母没钱为他安葬，爱西听了非常难过，于是开始为他募款。

就这样，一个电视的画面，一双双饥饿的眼睛，让 4 岁的爱西生起了强烈的爱心，爱西·强森基金会因而成立，它的宗旨就是向全世界的贫穷挑战。今年爱西已经13岁了，这位4岁就有勇气和毅力向贫穷挑战的小女孩带给世界一句话：“只要有心，不论肤色、年龄，任何人都可以贡献己力，改变世界！”

4岁的眼睛，能看见什么？小女孩真实观照、慈悲温暖的双眼，如同《观世音菩萨普门品》里慈眼视众生，因此发下寻声救苦的愿力，这股愿力成为生命的动力，开始实践，以行动来救苦救难。

对一个有愿力的人来说，他坚持追求理想目标，即使被家人或别人认为没有出息，他也不惧外在的毁谤批评阻碍，奔向他一直仰望的那颗照亮世人的明星。

愿是力量，我深信每天所发的一个小善念，小小祈愿，都会在未来影响世界，成为大成就。仁者，你发下了善愿了吗？

探索阅读

愿是力量：“只要有心，不论肤色、年龄，任何人都可以贡献己力，改变世界！”

晨钟暮鼓

晨钟暮鼓就是佛法，也就是“竖穷三际，横遍十方”的含义。
所谓“竖穷三际”就是时间观，
所谓“横遍十方”就是空间观。

每日清晨，我总在香灯人员的打板声前醒来，一面整理漱洗，一面听钟鼓声，东、西上楼排班的同学们在第二阵钟声以前都会按照受戒的戒腊先后排妥顺序，在第三阵钟声结束时，“咚咚”鼓声中开始步行，踏上四十坡，通过丹墀，鱼贯地进入大悲殿作早晚课诵，学院的屋檐下，燕子们也“吱吱”叫着跳跃飞舞，随喜这美好的一天，而学院的五只护法阿狗们，都会乖乖地在殿旁聆听诵经声。

刚回学院，听初学法器的同学们的法器课诵，大家的默契总是不足，听了真是不忍卒听，恨不得拿下法器自己敲打，但是还是要耐烦地聆听，告诉她们改进之处，毕竟学生要成长，一定要包容她们的错误。

出家近20年，由佛光山调派到美国西来寺，再到澳大利亚的南天寺，自觉是个幸福的出家人，每一日都能聆听到晨钟暮鼓，每一个蒲团礼拜，都有我至诚的祝祷和愿心：“愿钟声扬遍万亿国土！”“愿佛法传遍三千世界！”因为所有的一切，都是“千载一时，一时千载”啊！

“闻钟声，烦恼轻，智慧长，菩提生。”听了近二十年的钟鼓声，我大概都能由今日的钟鼓声里，听出同学们的默契，听出同学们的心念，喜怒哀乐分明，因为晨钟暮鼓就是佛法，也就是“竖穷三际，横遍十方”的含义。所谓“竖穷三际”就是过去、现在、未来的时间观，所谓“横遍十方”就是此方、彼方、他方的空间观，不懂掌握时间及空间，就不会掌握佛法的真谛。

佛门的课诵重在培养集体创作的精神，钟鼓法器衔接在僧众的共识中。仔细聆听这些课颂钟鼓板声，仿佛一部交响乐曲般，默契好则悦耳动听，使人身心舒畅；默契不够，稍快或稍慢，音声容易相碰撞，扰人心神。其程序是：由早上香灯的四板打板声，接过东山男众部的报钟，再是大悲殿的钟声，钟声衔接鼓声，第三阵鼓声结束前，大众站定后，就由引磬及铃鼓衔接大鼓，送二接三，每一步骤都不能错误，不能抢拍，就像乐团中相对应的乐器般，各自负责自己的角色，音韵节奏要正确，稍有一拍错误，立即就能分辨出来，钟鼓衔接到殿内，早课开始，一天的作息由此展开。

佛光山的海潮音梵呗，悠扬顿挫、三弯九转，虽然数百人同时念经、唱诵，不同的腔调组合在一起，仍然和谐有致，融和的音声诉说僧团的和敬。

音乐可以表达人类心灵的情感。一首神圣的乐曲，或虔诚的佛赞，往往把人的心灵升华到圣洁的境界，所以就宗教弘法而言，音乐占有很重要的地位。

“梵呗”是用清净的曲调来赞颂十方诸佛菩萨功德，或歌咏真理贝叶法言。佛教徒为了表达宗教情感，赞美、歌颂诸佛菩萨，留下了传颂千古的优美偈颂，如各种赞佛偈、药师偈、观音偈、发愿文等等，丰富了中国文学的内涵。在迎请、供养的仪式方面，如庄严神圣的《炉香赞》《宝鼎赞》《戒定真香赞》《天厨妙供赞》等，则充分发挥了崇敬好礼的美德。

梵呗唱诵，力求舒缓、收敛、凝摄和深沉，具有正直、和雅、清澈、深满、周遍远闻等五种性质。根据《十诵律》记载，听闻梵呗有五种利益，即身体不疲、不忘所忆、心不疲劳、音声不坏、言语易解。《南海寄归内法传》里也记载有唱诵梵呗的六种功德：能知佛德深远，能体悟佛法，能令舌根清净，能得胸脏开通，能处众不惶不惧，能长命无病。

“佛教真教体，清净在音闻。”以音声做佛事，以梵音来接引众生是最直接有效果的。佛陀时代有一位呗比丘，他所吟诵的梵呗声，能感动人畜。有一次，波斯匿王率领大军征讨鸯伽摩罗，路经祇洹精舍，遇到呗比丘正在唱诵梵呗，军队的马匹都被音声摄受而不前行，顿时波斯匿王也因受到优美的音声所感动而杀机尽除，无形中消弭了一场战祸。

公元2世纪中叶，印度著名的佛教音乐家马鸣菩萨，以音乐度化众生，他曾作过一首美妙动人的歌曲《赖咤和罗》，感动很多人信仰三宝。

晨钟暮鼓，早晚课诵，是训练僧众未来做人做事要竖穷三际，横遍十方，意思是做每件事要会掌握时间、空间，尤其人活在世间，沟通协调彼此，互相尊重包容，方能圆融无碍。

通过晨钟暮鼓、梵音缭绕，让同学们在大冶洪炉里，锻炼坚强的意志，成就菩提道心的愿力；让他们随着晨钟暮鼓，精进于五堂功课，孕育庄严祥和的气质，更显得有道气；让同学们伴着云板[①]号令，勤奋于各种作务，获得千锤百炼的成长。

经过严格的生活训练，及思想的启发，未来这些莘莘学子都将走入社会，前往国际上弘法，希望僧伽龙象们都能发挥所长，有的讲课教学，教育扎根；有的编辑写作，文化弘法；有的住持一方，方便度众；有的慈善救济，扶助疾苦。愿出家的僧众们不放弃人间的责任，愿所有的入道者不忘记众生的福祉，愿全体的学生们一展所学，奉献社会，布施人间，鞠躬尽瘁，无怨无悔。

闻晨钟暮鼓，漫步丛林里，听梵音缭绕，悟如来实相。丛林风光，一朝风月，学院的就读岁月，是最幸福的一段光阴，多少护法檀那的奉献，多少功德主的护持，应珍惜当下因缘，精进修行，不负信施。

探索阅读

古代佛院以晨撞钟、暮击鼓作为报时之用。所谓的“晨钟暮鼓”，并不是晨击钟、暮击鼓，而是指早晨先鸣钟，次击鼓，晚上则先击鼓，后鸣钟。唐代诗人李咸有《山中》诗：“朝钟暮鼓不到耳，明月孤云长挂情。”后用“晨钟暮鼓”形容僧尼的简朴清修生活，也指时日推移，循环不已，对人及时的警戒。

---

① 云板：板为报知时刻或集会时敲打的器具。依其形状称为云板、鱼板等。

丛林风月

取名“丛林”学院，就是希望能为佛教孕育优秀的人才，
将佛法的慈悲智慧推动到全世界，
建立祥和安乐的国际社会。

猴年春节期间，佛光山举行花木奇石艺展，学院的老师们带着丛林学院的同学们支持各项工作，在过年前将一处四周树木及竹林茂密的天然的小山谷，出坡整理成景色清幽、宁静宜人的静园区，许多人看了都欢喜地在此阅读或饮茶、喝咖啡谈心。

大师将此取名“静园”，没有安置佛像，就是净土之意，一片净土给芸芸众生分享，欢迎大家来到这片宁静祥和的净土，而同学们也发心在此招呼接待信众，广结善缘。

有一天在静园偶然间听到一段有趣的对话，令人玩味不已。

游客甲指着竹林间的丛林学院的招生红布条对游客乙说：“你知道什么是丛林吗？”

游客乙说：“那还不简单，‘丛林’就是树木的丛林嘛！”

游客丙：“‘丛林’就是像陆战队那样在丛林里作游击战的训练嘛！”

一头雾水的游客丁疑问地说："啊！是这样吗？"

一堂有趣的对话，令在静园服务的丛林学院的同学笑弯了腰，敏芝同学立即热心地为他们解释"丛林"之意。

所谓"丛林"是禅宗里对佛教僧尼聚集精进修行、弘法办道的地方的称呼。所谓"马祖创丛林，百丈立清规"，禅宗自达摩东来后三百年中，禅僧多依住律院或岩穴、树下，尚未营立禅院，直至唐代马祖道一乃创丛林，以安禅侣。后世教、律等各宗寺院亦仿照禅林制度而称丛林，而清末民初后中国大陆的佛教寺院，像现在的大学一样，有着教育的功能，当时称为"丛林"。

在《大智度论》中解释"丛林"的意思是指众多僧人聚集在一起，并能规律而且和合一致地修学办道，就如树林一般整齐有序，故以"林"作比喻。丛林又称"圣智之林"，亦即将许多有智慧的人才集中在一起。丛林如大冶洪炉，是陶冶僧格、修学办道的修炼所，因此古时又有"选佛场"之称。游客们听了恍然大悟，原来"丛林"有如此深邃的含义。

佛光山丛林学院是由星云大师所办，大师一本"欲续佛法慧命，胥赖弘法人才"之高瞻远瞩，于佛光山积极推展各种佛教教育，革新精进，不遗余力。取名"丛林"，就是希望能为佛教孕育优秀的人才，将佛法的慈悲智慧推动到全世界，建立祥和安乐的国际社会，从 1964 年寿山佛学院开始算起到现在的丛林学院，已有 40 年历史了，学生由台湾地区，到现在有来自 20 余个国家和地区的学生在这里一起研修佛法，仿佛一所国际大学般。

大师教育徒众的方法是无为而治。过去大师受过专制而封闭的教育，但大师觉得不要让学生或徒众再受类似的教育，教育要改革、提升，思想要自由活泼，但生活则要有戒律来约束，求学时勉励学生要缩小自己，出任常住职务时再扩大自己。

丛林学院的教育课程包括两大系统，严谨的生活教育及启发的思想教育，由闻、思、修入三摩地，启发学生自由地思想。但生活教育里，要养成作务实践的力行，生活与思想教育一样重要，而生活教育中着重解行并重，强调行住坐卧的四威仪，所谓“三千威仪，八千细行”，生活与思想教育融合为一，培养健全的修道人，正如大师云：“人我相处之道，靠生活教育来训练；自我提升之道，靠思想教育来启发。”

丛林学院的生活由早上5时半打板起床开始，晨钟暮鼓，上殿早课、早斋皆要走路排班，排班并非浪费时间，而是从中培养集体创作的团队精神，跟大众一同起居作务，由排班上殿到过堂吃饭，点点滴滴要求细节，由小至大，由缓到快，慢慢培养出庄严威仪的气质。

每日大家一起打扫清洁作务，培养维护美好的环境，运动做佛光操，学习在动静中调节身心息（呼吸），进而养成健全的体魄，每日六堂解门课程，午斋排班过堂，斋后跑香经行，训练四威仪，所谓“行如风、立如松、坐如钟、卧如弓”，下午继续上课或自修，傍晚出坡作务，盥洗后药石①，晚上自修以消化反刍一日所学。

除佛学课程外，可选英文、日文、葡文、西文等语文课，每周安排专题，邀请知名教授或社会名流讲演，内容丰富，让学生多吸收

---

① 药石：指疗病之药饵与砭石。即医药与医疗器具。又作药食。指禅林之晚餐。佛制比丘过午不食，故禅宗寺院称午后之饮食为药石，亦即晚食之隐语。

新知，9时晚课诵经回向檀那[1]的护持功德，9时45分开始司暮鼓晨钟，全体静坐，10时整全院开大静，停止一切的声音，精进者可继续在寮房静坐或念佛用功。学院一天的日子里有动有静，既充实又有规律地在法海中遨游自在。

人心易散乱且放逸难收，人格需要在生活中培养。在丛林生活中所训练出来的人之所以不同于社会人士，乃是在于生活中有规范，行、住、坐、卧合乎律仪。一个人只要能在生活中举止言行守住律仪，不管外在环境如何污染，一定会是一朵净莲。

丛林学院是一所独立学院，是七众弟子的学院，是具有国际性的学院，是具有实习事业的学院。学生来自世界各地，享受完全之免费教育（膳宿及学杂费全免），毕业后成绩优异者，可选送海外继续深造，志愿留院者，可分发佛光山所辖各机构服务，目前丛林学院的毕业生都派驻在全世界近200个国家和地区服务，将佛法弘扬世界各地。目前学院又增加易地教学的学制，让青年们可以尽早到海外参学，扩大视野，增广见闻，这是一项划时代的创举，佛光山海内外各道场向青年招手，欢迎大家加入学习行列。

探索阅读

我们到世界上来，最重要的大事，就是要受教育。谈到教育，有家庭、学校、社会、人文、科技、美学、体能、道德等各种教育，其中最重要的是生活教育。但是，今日的学校教育大都只是重视知识

① 檀那：即为檀施、檀信。檀波罗蜜乃六波罗蜜之一。檀那波底，即施主、布施者。

的传授，忽视了生活的教育，甚为可悲！

一个国民要有良好的生活质量，将来才能养成健全的人格，所以生活教育与思想教育一样重要，值得提倡与重视。

第四部分

思维之树

心灵的交流以无言为胜，一张有表情、有笑容的脸孔，使人如沐春风，虽然萍水相逢，微笑，无言的心灵沟通，就能搭建起友谊的桥梁。

接心印心

无言的心灵交流，胜过聒噪有声的言谈，
因为用“心”，故无言的心灵交流，
都能擦撞出智慧的火花。

人与人之间有时要以语言来沟通，有时以文字来互相了解，有时以歌唱传达心声，而最高的境界是心灵的交流。现代的信息发达，人类已经用网络或简讯来取代传统的书信，但是无论科技如何现代或进步，人类心灵的交流是永远无法被取代的。

我曾经在美国任职时，埋首努力工作，忘天忘地，忘你忘我，疏忽了人际的互动关系。有一回聚会中，一位大师兄当众说：“满谦，什么都好，就是不爱笑。”听了这话，我有点尴尬，不知如何回答是好，愣在那儿，只听到在一旁的大师立即回答说：“她很自然。”一旁的依日法师随即告诉我：“大师是多么慈悲体贴呀！”当场我的内心油然生起一句心声：“伟大的师父，您太了解弟子！”海外弘法这么多年来，平日甚少与师父左右相随，与师父谈话的时间虽不多，但是发现师父观察弟子们却是深刻入微，直指人心。

我一直深信师徒之间贵在知心，不在朝朝暮暮，如何与师长心灵交流，师徒心相系呢？如同佛陀常说："弟子们如果奉行我的道，即使远居千里外，与我同在；虽然天天见面，跟在身边，不奉行佛法，离我千里远外。"出家以来，内心一直是"以师心为己心，以师志为己志"。师父的身口意三业，一言一行都在我心中，启发着我，引导着我，让我走向光明、走向自在解脱的真理大道上，所以佛在心中，师在心中，从未有一刻离开过师父一步。

佛陀在灵山会上拈花微笑，百万人面面相觑，不知所措，唯有弟子大迦叶破颜微笑，以心印心，与佛心心相印，佛陀以无言的教法，和弟子心灵相通，展开了禅宗教外别传的教法，无数美丽的禅宗公案因而产生，花道、茶道、武士道、书道等，都因心灵的禅悦而大放异彩，可见无言的心灵交流，胜过聒噪有声的言谈，因为用"心"，故无言的心灵交流，都能碰撞出智慧的火花。

中江藤树，在日本近江高岛县是无人不晓的儒学家，被称为近江的圣人。

有一次一位村人冤枉入狱，其亲戚拜托中江去跟代宫说情，于是中江来到代宫的家，当然代宫对这位有名的圣人热情接待。中江和他谈了许多民风异俗的话题后就回家去了，丝毫未提起村人的事，次日，那村民就被放了。

有部下不解地问代宫缘由，代宫说："那么德高望重的人不会无缘无故到我家来拜访，我悟出一定是那个村人的事，果然没错。"

中江就是这样用心与人交流的。我深信只要有心与人交流，人会有回应，有心与动物交流，动物也会有所感动，因此每天在山上都会有许多的小松鼠、小鸟、小猫咪等来与我相遇，彼此相惜。

传灯楼前的一对小松鼠每日在前面那棵凤凰树上追逐玩耍，

它们的爬技一流，向小细枝高处攀爬，时速可达百米赛跑。有一天，一只小松鼠突然出其不意地掠过细稍末，说时迟那时快，它蓦然就飞越过对面的一棵树，后面追逐的小松鼠当场愣住，疑问如何能跳过去呢？而在步行中的我也傻住了，这端的小松鼠与我四目对看，你望着我，我望着你，而彼岸调皮的小松鼠还一旁得意地扮鬼脸，让我俩啼笑皆非。至今无法想象，它到底如何办到的？心灵沟通，动物的纯真可爱皆能感受，何况人所拥有的赤子之心更令人珍惜。

我曾到马来西亚参加国际青年会议，会议最后的一天，主办单位在东禅寺的庭园里举办园游晚会暨跨年晚会，许多当地的佛光会员都协助设立马国风味的各种饮食，当晚大师由会长级干部们陪同逐摊去巡视慰问大家时，有位信奉伊斯兰教的马来人也在现场准备食品供养与会大众，当大师走到面前时，他情不自禁地捧起一盘抓饼供养大师，大师含笑欣然接受。当大师走过后，他泪流满面，旁边的会员忙问："怎么了？"他说："太感动了，这一生见过许多的宗教领袖，从来没有见过哪位宗教家如此慈悲，令人心生感动，使我忍不住地流下眼泪。"大师无言的身影中，心灵流露出高深内涵，显示出的慈悲睿智，就在为大众说法教育，启发出心灵的真善美。

心灵的交流以无言为胜，一张有表情、有笑容的面孔，使人如沐春风，虽然萍水相逢，微笑，无言的心灵沟通，就能搭建起友谊的桥梁。反之没有微笑，肌肉紧绷的人，就像落在地上的花朵，失去颜色和香味，得不到他人赞赏的眼光，还要遭人践踏唾弃。以心印心，彼此相互珍惜，叹为稀有的美丽心情，结下彼此的善缘，珍惜当下因缘。

会心一笑，世界真奇妙。

探索阅读

清朝李鸿章出使德国时闹了一个笑话。李鸿章当年应俾斯麦之邀前往赴宴，由于李鸿章不懂西餐礼仪，他把一碗吃水果后洗手用的水端起来喝了。当时俾斯麦为了不使贵宾李鸿章丢丑难堪，他也将洗手水一饮而尽，看到这些，其他文武百官，也一起忍笑奉陪，化解了一场尴尬。人与人，国与国之间，若能彼此体谅，心心相惜，就能化解许多的矛盾与对立。

伯乐识才

一个是伯乐爱才，惺惺相惜提携赏识，
一个是千里马感恩图报，
对老师的恩德难以忘怀。

春节期间，在佛光山佛光缘美术馆举办“人性与爱”十年回顾展的画家李自健，近日到佛光山拜访星云大师，在法堂聆听大师与李自健的对话，令我感触良多。

李自健向大师提到最近《典藏》杂志及中国大陆《艺术家》杂志为其所撰写的文章中，特别提到他感谢大师当年的提拔赏识与栽培，如果没有大师就不可能有今日的李自健。大师一再谦让地表示说：“我没有做些什么，是你自己的努力，如果你过去在中国大陆早年没有下过苦功及经历种种生活的磨炼，今日也无法有如此成就。”大师言下之意，一切都是李自健过去数十年的努力，他只是举手之劳，随缘随喜，提供帮助让他创作。一个是伯乐爱才，惺惺相惜提携赏识；一个是千里马感恩图报，对老师的恩德难以忘怀。

时下许多年轻人常觉得自己有志难伸、怀才不遇、怨天尤人。事实上，才能与努力只是拒绝怀才不遇的原本条件，当事人的态度，常常是决定一个人会出人头地，还是埋没在人群里的重要原因，性格决定命运！如果禅宗六祖惠能大师没有遇到五祖弘忍，如果密勒日巴没有遇见马尔巴上师，如果窥基没有遇到老师玄奘大师，大迦叶尊者没有遇到佛陀，那么这些人就不可能成为伟大的人物。

对于怀才不遇的年轻人，沮丧、愤怒、抱怨的心态，往往遮住了人的视野，阻断了他们面对现实的行动力，而陷入忧虑烦闷的躁郁倾向。但是想想自己，检查所有因缘，当事者真的具有自己认为无法发挥的才能吗？我自己真的尽全力努力了吗？自己能把握住每一个稍纵即逝的机会吗？是否自己应该静心反省一番？

俗话说："山不转路转，路不转人转。"凡事反求诸己，如果不能改变环境，就要先求改变自己。现在开始检讨自己，我的努力够不够？我的态度是不是正面而积极？我懂得了解别人的需求吗？我研究目前社会或公司组织的趋势走向吗？我拥有主管或老板所需要的独一无二的能力吗？我是否乐观进取，突破格局，创造机遇？

台湾各界人士称赞石滋宜先生为"自动化之父"，石滋宜先生谦虚表示这雅誉是承蒙李国鼎先生的厚爱。当年李国鼎先生是第一位体认自动化重要性的政府官员，还因此特别成立"自动化指导小组"，由于他坚持的结果，指示推动"自动化八年计划"，进一步确保政府辅导产业提升竞争力的决心，此一事促成了石滋宜先生从海外返回台湾，才有被誉为台湾"自动化之父"之机缘。多年来石先生深深体悟李国鼎先生对后辈的提携，自觉自己是非常幸运的，能够有机缘得到李国鼎先生的赏识，在他心目中李国鼎先生应该是台湾最宝贵的伯乐！这是另一桩"伯乐与千里马"的美谈。

其实，星云大师也是许多人的伯乐，他提携后进，赏识人才，给予鼓励，造就今日许多的贤能弟子，如慈惠、慈容、心定、慧开、依空诸位法师以及李自健、赵宁、赵翠慧等社会名流，皆成就了一番事业。在一个人的人生中，最幸运的，是在学校遇到好老师，经过严格的教诲，使得自己能够提升。进入社会，能够遇到伯乐，使自己的抱负得到伸展！

我觉得自己也是个幸运的人，平凡如我，生长在乡下的小镇，由于跟随星云大师座下披剃，忝为一僧，蒙大师及常住不嫌弃能让我到澳大利亚去弘法发挥。回顾多年来的海外生涯，随着常住的调派，为人间佛教弘传和佛教本土化而努力，生命因而丰富。

多年间，与所有澳大利亚的师兄弟及佛光会员之努力，带动学佛风气，促成政府捐地给南天寺兴建南天大学及艺术馆等。年前澳大利亚政府人口普查，佛教成为第二大宗教，也是成长人数最快速的宗教，这一切都要归功于大师及常住给予我的机会，能够参与盛会，与大众一同努力走过这段历史。

至诚感谢大师及佛光山常住给予我的机会，今日能回到丛林学院办学育才，吾虽不才，但期许自己也能做一个识才者，能发掘出每个学生的潜能及专长，赏识提拔，培育出优秀人才，为净化社会及宣扬佛法而努力。

探索阅读

伯乐，春秋秦穆公时人，有鉴别千里马的特殊技能，以后“伯乐”转义为有真知灼见的人，善于发现人才、选拔人才。唐代大文豪韩愈曾说:“世有伯乐,然后有千里马。千里马常有,而伯乐不常有。”足见伯乐之可贵,无怪乎,司马迁要说:“士为知己者死,女为悦己者容。”

爱所选择

人生其实是一连串不断地学习“如何选择、下决定的过程。”

审慎思考后，我选择出家修道，

许自己一个简单纯朴的生活，拥有一个平凡的生命。

我5岁时，妈妈带着我去给隔壁的老奶奶上香，我见到平时慈祥的她突然不动了，好奇地问妈妈：“老了就要死亡吗？死亡是什么？是否就是不动？”7岁上小学一周后，发现我隔壁的同学不见了，隔天，她的哥哥来学校告知“她因为急性腹膜炎死了”，我又起疑“棺材不是装老人的吗？为什么她这么小也要死？”爸爸告诉我，死人是没有年龄之分的，我才知道原来棺材是装死人的。

学佛前曾经问自己：“我是谁？人生短暂，我这一生要做什么？”当接触到佛法后，得到法喜禅乐，我开始选择我的未来，放弃丰厚的薪水，进入佛学院，决定出家时，为亲情彷徨犹豫，大哥告诉我：“人生中要作许多的选择，作什么选择，都会后悔，二者取一，就选择最不会后悔的那一个，然后爱所选择，就能过一个快乐无悔的人生。”审慎思考后，我选择出家修道，许自己一个简单纯朴的生活，拥有一个平凡的生命。

曾有一位要申请入学的同学问我:“为什么选择佛光山?”不为别的,因为“佛光山是行菩萨道,是提倡人间佛教,是行佛的道场”。

佛学院要毕业时,老师及传灯会作意见调查,问我们要选择去哪里实习服务?从选择出家到选择道场、选择就业,我发现人生其实是一连串不断地学习“如何选择、下决定的过程”。

上周末,学院的一位同学为了选择出家与否,甚为困扰,约我作一场生命的抉择对谈。看看清纯的面孔在犹豫人生的大事,就想到要作一个选择不易,生命不能代替,父母及老师都不能替孩子或学生作选择。西方的教育引导孩子从小学习自己独立作判断,为自己的选择负责任。很不幸,台湾的教育经常是父母为孩子作选择,例如害怕见血的孩子,父母却要他选择当医生,有艺术天赋的却帮他选择商科,因此我们有一群非喜爱选择而就读的学生。读书不适或选择职业、婚姻不愉快而自杀的情况比例相当高,如何选择所爱,爱所选择,考验着一个人的智慧。

柏拉图有一天问老师苏格拉底什么是爱情。苏格拉底叫他到麦田走一次,不能回头,途中要摘一株最大最好的麦穗,但也只可以摘一次。

柏拉图觉得很容易,充满信心地出去,半天都未归,最后,他垂头丧气出现在老师跟前,诉说空手而回的原因:“很难得看见一株看似不错的,却不知是不是最好,因为只可以摘一株,不得已,只好放弃,再看看有没有更好的,发现已经走到尽头时,才惊觉手上一棵麦穗也没有。”

这时,苏格拉底告诉他,那就是爱情。

柏拉图有一天又问老师苏格拉底什么是婚姻。苏格拉底叫他到杉树林，要不回头地走一次，在途中要取一棵最好、最适合用来当圣诞树用的树材，但只可以取一次。柏拉图有了上回的教训，充满信心地出去，半天之后，他一身疲惫地拖了一棵看起来直挺、翠绿，却有点稀疏的杉树。

苏格拉底又问他：这就是最好的树材吗？柏拉图回答老师："因为只可以取一棵，好不容易看见一棵看似不错的，又发现时间、体力已经快不够用了，也不管是不是最好的，所以就拿回来了。"

这时，苏格拉底告诉他，那就是婚姻。

生命不也如此吗？我们经常忽略、轻视生命中的每一部分，因为我们都期待下一个是最好的，而错过了生命中的每一部分。每个当下其实都是最珍贵的。因为错过了，就在急就章中作选择，率性的选择下造成错误，又在错误中懊悔不已，不懂得选择珍惜生命，不珍惜当下，就无法把握当下。

一个人光是东南西北地向外追求，哪里会找到自己呢？自己是在我们心中，如果你能肯定地说："我找到了！"那就是找到最奇妙的人生了。找到什么？我找到了自己，我找到了本性，认识了自己，能够认识自己，就能对自己的一生作出最好的选择，选择了自己的所爱、职业、婚姻，爱所选择。

我学佛后最大的法乐喜悦，是发现自己与佛陀一样具有的佛性，也发现与别人共同拥有的自性光明。有佛法的岁月里，在平凡的生命中找到奇迹，找到天堂、极乐世界；发现我周围的人们都是善良的，只要以诚心正念，凡所到处都是诸上善人聚会一处。因此我相信，人人都是善良的，都有珍贵的佛性，也因此我在平凡的事物里，能看见自他的天赋，尽管在遇到挫折处，依然能看到希望，在黑暗处见到光明。

我深信生命的质量是由生命的态度来决定，虽然我们无法增加生命的长度，但是可选择增加我们生命的宽度与深度。祈愿丛林学院的同学们，大家都能面对生命，选择所爱，爱所选择，无悔一生。

探索阅读

先认识自己，才能对自己的未来作最正确的选择。《伊索寓言》中有一则发人深省的故事：有一群人在海边玩，远远眺望到一艘大邮轮，大家满怀兴奋地期待，等渐渐近了，好像是一条小船，有一点失望，最后被海浪吹到岸边，大家跑近一看，原来竟是一堆腐烂的浮木，大家失望透顶。人生就是如此：小学生，人人立志做大事；高中生，心想能做小事，就不错了；到了大学毕业，不少人失业找不到事做，这就是没有认识自己的缘故。

一口好牙

在家时父亲给我一口好牙，为了将来不要有牙疼之苦。
这是父亲爱子女的深情；出家后师父要给弟子一口好牙，
这是师父对徒弟的道情法爱。

童年的时候，除了过年期间外，平日父亲绝对不会买糖给我们几个兄弟姐妹，每见到隔壁邻居的叔叔伯伯都会买糖果给孩子吃，就会好生羡慕，有时不禁起疑问地想，家里也不是没有钱，为什么父亲都不给我们糖果吃呢？一直到了中学二年级，有一天下课时，在寄放脚踏车的商店前，遇到由台北工作回来的父亲，第一次不在过年期间买糖果给我，拿到糖果，我雀跃欢喜不已！吃着糖一口一口慢慢地舔着，生怕糖果马上会消失不见，父亲见我高兴的样子，突然对我说："你知道为什么我平日从来不买糖果给你吃吗？"我舔着糖摇摇头，一边看着父亲，他对我说："为了给你一口好牙，让你长大之后不会遭受牙疼之苦。"望着父亲，我突然明白一向严肃的他，背后隐藏着爱护子女的心情是何等的深呀！

出了家，来佛光山学佛修道，有一次听到掌管会计的职事，向师父抱怨，由于在佛光山日渐增加奉献服务的徒众越来越多，常住的疾病医疗、参学旅游、教育留学，乃至日常所需等福利费用也就相对地增加，尤其有一段时间，补牙、装牙的费用占了很大的比例。

有一天会计拿了一叠请款收据，蹙着双眉对师父说："师父！最近患牙病的住众特别多，牙疼虽然不是大事，但痛起来确实难受。常住尽量给大家方便，偏偏牙病的医药费非常昂贵，一个人补几颗蛀牙，装几颗假牙，动辄千元万元以上，实在不是常住所能负担的。"

"不能负担，也要设法负担。"大师告诉他。

"但是这些人受了常住的恩泽，不但不知回报，说些好话，反而批评常住，有些甚至才装好牙就离开僧团。依我看，实在犯不着为他们出这笔冤枉钱。"会计愤愤不平地补充说。

"这些人虽然嘴里说不出什么好话，但是我却不能不给徒众们装一口好牙。"大师坚决地说。

好熟悉的一句话，同样的心，在家时父亲要给我一口好牙，为了将来不要有牙疼之苦，这是父亲爱子女的深情；出家后师父要给弟子们一口好牙，这是师父对徒弟的道情法爱。谁说佛门无情，"莫嫌佛门茶饭淡，僧情不比俗情浓"，深深地体会，出家、在家一样有情，只是情到浓时转为淡，转为升华，转为大爱。

自觉自己是个幸福的人，在家有父亲疼惜，出了家在佛光山，我更拥有一位法身慧命之父，他的教育让我有成长的空间，让我遇到挫折时学习独立，肯定自己。世俗的人说："养儿方知父母恩。"我反而觉得当了主管，当了老师，尤其当了佛学院的院长后，更加能体会到师父平等无私的心。他以慈悲的心关怀每一个徒弟，不舍弃任何一人，提携每一个学生；他发掘专长人才，给予鼓励施予教化，耐心地灌溉、等待，虽不一定有收获，但他永远不灰心失望。什么是“师父的心”？是爱徒心切的心，是恨铁不成钢的心，是殷勤恳切的心。

师父，您给的“一口好牙”，我们徒弟会以一口好话及法语回报您，让我们依循您的步伐，为社会服务，推动世界的和平，将生命奉献给大众，将佛光普照三千界，让法水长流五大洲。

探索阅读

每个人有一口牙，好牙乎？坏牙乎？一口好牙，会说好话、做好事、存好心。一口坏牙，不但令人疼得要命，还要遭人嫌弃。想要保护我们自己的好牙，除了养成良好勤刷习惯之外，更重要的是发扬说好话、赞叹、鼓励、扬善之风。

佛门才女

佛门 40 年岁月，奉献了最宝贵的青春、最旺盛的精力，
佛光山以及台湾地区佛教能有今天的面貌，
处处有她智慧、心血的烙印。

去年供僧法会前，丛林学院毕业典礼上，由慈惠法师的手中接过丛林学院的印信，表示今后就要担负起本山教育的工作，轻轻的一张印信，但是责任的承担却是沉重无比。

回想早年在慈惠法师担任院长时，我还在学院读书，那时慈惠院长高瞻远瞩地邀请许多国际著名的教授来为我们授课，如美国伯克利大学的兰卡斯特教授（现为美国西来大学校长），斯里兰卡国宝级阿鲁奴达教授，意大利的知名教授参丁那教授及其夫人分别教授中观、梵文、巴利文，这些著名的学者教授们培养了我们国际的宏观视野，后来我们这一班成为最早派往全世界弘法的种子部队。

有趣的是多年后我在澳大利亚又遇见兰卡斯特教授伉俪，于南天寺内畅谈佛法。在巴黎的佛光会世界大会里遇见阿鲁奴达老师，老师眉飞色舞，如数家珍地说谁在哪一个国家弘法，言下颇得

意当年所教的这一班学生，如今都派驻在国际上弘法。

经过20年的磨炼后，由慈惠院长手里我战战兢兢地接下了未来教育人才的重担，当日感触良深，想到慈惠院长对佛教办学理想的坚持、无私的心及高标准的工作质量，为佛光山培育出一批批的众多僧伽人手，永远是我们最好的模范及榜样，另一方面内心却觉得无比惶恐，自己所学有限，今日传灯接棒，如何肩负这个重担呢？

慈惠院长是佛教界公认的才女，长于汉语普通话、闽南话、日本话，随侍大师担任翻译40余年，译语之流利高雅通畅，无出其右，对于帮大师翻译台湾话带动人间佛教的弘扬，功不可没。

在比丘居众、主导的佛教僧团中，比丘尼有所作为且能脱颖而出，又被大众肯定其成就的，必须具有特殊的因缘条件，教育院的慈惠法师就是有多项“第一”的功德：

第一位以汉语普通话、闽南方言、日本话的语言能力，40多年来担任佛法翻译的比丘尼，以典雅、流畅、周全的翻译，正确地传输了佛法本意，得度学佛者，难以计数。

第一位投身社会教育工作，从幼儿园到大学，行政经验最丰富、完整的比丘尼。

第一位拥有台湾地区大学教师合格证书，并任教大学的比丘尼。

第一位从事僧伽教育工作，历时最长久，从行政到教学，到僧伽教育制度的建立等，热心积极的比丘尼。

第一位获选世界性佛教组织重要职务的比丘尼——世界佛教徒友谊会副会长。

第一位行脚世界讲经弘法的比丘尼。

第一位担任佛光山寺都监，经管海内外数百佛光山别、分院及数千人众的比丘尼。

前几年台湾地区“杰出社会运动和风奖”，慈惠法师代表佛光山文教基金会接受奖牌，正是她出家数十年，在佛教文化、教育工作中精进不懈，发心贡献的成果。这份荣誉是“实至名归”。

慈惠院长虽一位比丘尼，然颇具大丈夫气，且才华出众，对于僧众教育、信徒教育、佛教行政、佛门行事等，无不娴熟，亦擅长工程建筑规划，佛光山之重要或盛大行事，其皆居于策划、领导地位。

多年来慈惠院长又发挥她在音乐艺术方面的天赋，很早就带领丛林学院僧众学生于台湾的音乐厅、剧院、纪念馆等地，以梵呗演唱弘法，奉大师之命创立“佛光山梵呗赞颂团”，于欧洲、美洲、亚洲等地弘法演唱，首创梵呗弘法之先河。曾举办百万人国际佛学会考，筹备佛牙舍利来台法会活动，举办国际佛教学术会议等大型活动。

慈惠院长爱护后学，教不倦诲不厌的精神最令人敬佩。记得美国西来寺举行开光大典及世界佛教徒友谊会议，我有幸担任司仪要职，蒙惠师父慈悲亲自指导，她的耐烦，句句斟酌字眼、语调，一丝不苟的要求，令我受益良多，提升日后对自我做事的标准要求。

除了严教，慈惠院长更有鼓励。一次有一位信徒抱怨，某处一个大道场，怎派了几个年轻法师去，难道不怕出差错？惠院长笃定地安慰信徒：“趁我们老的还在嘛！多给他们历练的机会，难道要等我们老的死了，再让他们去乱吗？”这就是传灯精神。

回顾一生，慈惠院长说：“我觉得很充实，而且很有挑战性。”佛门 40 年岁月，奉献了最宝贵的青春、最旺盛的精力，佛光山以及台湾佛教能有今天的面貌，处处有慈惠院长智慧、心血的烙印。

何其有幸能有一位才学、智慧具足的长者带领，真是我们的好福气呀！虽然对教育工作经验尚待加强，怀抱如履薄冰般戒慎惶恐的心情承接重担，然深信能有惠师父的指导引领，能慢慢地学习成长，但愿不负常住及大师、惠师父的厚爱，发扬丛林宗风，光大人间佛教，为社会培育优秀人才，将佛法和平、慈悲的种子推动到全世界。

探索阅读

教育传承，是全世界公认的一个最重要的传承。人和人的生活，应该坚持“以人为本”的传承保护模式，是人的传承，同时也是一种生活的传承，也是智慧的传承，世界得以推动精神与物质文明的进步。

典座典心

负责典座的人，如果要进步，也要肯接受别人批评菜做得如何，唯有不怕批评，勇于接受指正，虚心地求教，才是“学习”的态度，才能有所成长。

厨房是磨炼身心、与十方大众结缘的最好修行地方。历代祖师大德有很多都是由厨房出身的，如寒山、拾得等。一餐美味可口的素菜一样可以度众，将心思用于配菜、烹调、菜色设计上，通过多样化的菜色，可以说法，可以表情达意，可以从工作中得到很多乐趣。

感谢老师的栽培。一踏入佛学院时，老师就安排我们六人一小组去厨房典座一整个学期，原因是因为之前的学长们每周轮一次，一学期仅能典座[①]一次，从煮菜煮得不好，大众多次的反映中，让老师下定决心培养一组人能煮出像样的可口的菜色，因此由我

① 典座：禅林中典座职掌大众之斋粥，一切供养务须净洁，物料调配适当，且节用爱惜之。此职务虽系料理饮食之杂役，然自古该职务即极受重视，通常推举志行高洁之僧任之。

们开始一学期都是典座，不换组别。

当年学院典座是烧柴火的，早上4时30分就要起来煮饭或是煮豆浆，遇到冬天下雨，木柴不干更是辛苦，晚上睡觉时都要注意是否下雨，一旦下雨就要赶紧去将柴火盖好，万一前一天忘记用塑料布盖柴火，晚上下雨，隔日清晨就得先将柴火弄干了才能煮菜，因此每日典座都是非常紧张的。

准备早餐的时间尚充足，中午只有50分钟，短暂时间要烧出数百人食用可口的菜，就是一场辛苦的大考验。为保持以最新鲜的菜供养大众，及训练我们的动作迅速，老师不准我们先洗菜切菜，刚开始时实在不知如何是好，久了熟能生巧，也就应付自如。

典座里可以学到许多如何突破困境的方法。例如对卤类的菜或是需要长时间熬的汤，如何在短暂的时间里能卤出可口美味的菜？我想到将要卤的菜先用大火煮滚了，再利用温火去慢慢焖卤，又节省柴火使用，如此卤出来的菜，既保存菜根香的原味，又入味可口，颇受职事大众喜爱，那段时光里，也幸好大家都能团结合作，从未有耽误大众的用餐时间。

记得我们这组，可真是一个梦幻组合，竟由一群未曾煮过饭的人组成，动作特慢，从来没有拣过菜，不会挑菜，不会烧柴火，遇到这一组人马，真令我哭笑不得。由于大家的动作很慢，眼见锅子已经成了快焦掉了的大红铁锅，可爱的师兄还在如绣花般一根根地挑菜，始终不见菜影子。我又要负责照顾火炉，又要回头去帮忙挑菜、洗菜、切菜，既不能发脾气，还要将柴火顾好，以免锅子烧焦。凡事一切都要考虑大局，不得不耐下性子来配合大众，集体创作的观念就是这样被磨炼出来的，乃至不分彼此，融合大众，养成我走到全世界都能以常住及大众为重的观念。

厨房是面镜子，照出我心真面目，因在厨房的工作无定，师兄弟间要彼此鼓励体恤，懂得分工合作，互相协调，工作起来才会很愉快，而不至于烦恼。在厨房负责典座的人，如果要进步也要肯接受别人批评菜做得如何，唯有不怕批评，勇于接受指正，虚心地求教，才是“学习”的态度，才能有所成长。

厨房确实是修行的好地方，仿佛我的一面照妖镜，照出我的贪嗔痴慢疑，让我提早在学院里发觉出自己的缺点，可以改正。

在厨房里，也有些有趣的事情。记得在西来寺受戒的那一年，典座的人刚刚煮好要给国际戒师的菜，因为这是西方式的厨房，只要温度太高，就会按温度程度洒水或石灰，那一天刚刚要将菜由锅子捞起，说时迟那时快，石灰就洒了下来，典座组的人脸黑了一半，大家不禁笑弯了腰，因为现场实在太有趣了。

在学院当库头时，记忆最深，最得意的一件事，是整理出库房里的全部物品，将麦片及奶粉，煮成麦片牛奶粥。一位学长事后告诉我说：“这是我进入佛光山十几年来最营养的早餐。”原来在这之前没有人作过这种尝试，利用现有物资，作创意的设计，又能物尽其用，一举两得，这也培养我眼中要看到大众，想到照顾大众的营养，可说是我在厨房里学到最宝贵的一课。

厨房也是佛门里最好训练掌握时间的场所，在读书的那段日子里，因为每天要典座，没有多余时间自修，大众自修读书时，我得立即飞奔走向厨房，在最精确的时间内确保典座完成，让大众能有可口温热的饭菜，同时也要维护同组组员不被罚跪香或当众表堂，无论如何都要煮出菜来。因要服务大众，白天没有时间复习功课，晚上自修课我都是分秒必争，一坐下就开始计算时间，限时完成该读的那些书。平时充分利用时间，舍不得浪费每一分一秒，日后我能珍惜时光，养成精进不懈怠的学习态度，也是拜典座所赐。

从典座到库头，由陌生到熟练，这是一连串的训练，今日回想起来，真是感谢当年老师坚持我们整学期要学习典座，感谢同组的组员成就，感谢大家的合作无间，感谢当时自己没有为少了时间读书而起烦恼，如果没有接受这些磨炼，恐怕也没有日后的我。对学院里记忆最深的厨房的岁月，我总是存着一份感恩的心，感谢一切因缘的成就磨炼。

探索阅读

厨房是磨炼身心，与十方大众结缘的最好修行地方。过去的祖师大德皆出自厨房，在厨房是在行普贤行愿的，以前，观音、文殊等大菩萨都是从厨房中苦行出来的。只要有心学习，修苦行就是对一切粗贱的工作，都要无分别地去做，主要在磨我们的傲气，消业障，例如在厨房要惜福，米粮菜叶不可轻损，心心念念惜福，就会增长一个人的福报。

面对疾病

病痛对人生不全是负面的影响。
佛门里说“修行人要带三分病”，带三分病好修行，
容易体会无常，及珍惜生命。

由日本大阪开会回来，发觉打喷嚏、流鼻水不停，本来以为只是鼻子过敏及轻微感冒，没有理会它，隔日就到长庚医院探望一位病人，晚上聆听一场医学讲座，隔天参加各院会的会议后，勉强前往中部南华大学开会，回山后就全身发热，头昏脑涨，无法集中精神。今天早斋后，终于乖乖地在寮房休息，让自己放松，多喝水，大量出汗，下午就好多了。从小到大，生病好像是一种生理的自然平衡现象，告诉我该要休息调整身体了，只要放轻松，休息多喝水，自然就恢复了。

人吃五谷杂粮，难免有病痛，很多人谈病色变。其实，病痛对人生不全是负面的影响。佛门里说“修行人要带三分病”，带三分病好修行，容易体会无常，及珍惜生命。

学院周一放香日，有些同学要去诊所看病，诊所是大师的慈心悲愿，在山门口设立了诊所，有中医、西医、牙医等各科，邀请最优

秀的医生驻诊，福利全山大众及佛学院同学们，免费就医，让大家方便。如果有较严重的疾病，由诊所驻诊医生决定是否需要转诊到大医院。这项措施真是一大德政，让大家免于舟车奔波，也福利了附近的许多居民及信众，其精神更符合佛陀当时所谓的四大布施之一的“医药施”。许多民众喜欢到本山的诊所治病的原因是，觉得有佛陀加持及僧侣的日日诵经，医药更有效果。

每个人体质不同，治病的方法也不一样，有的是用医药治疗，有的是物理治疗，有的是营养治疗，有的是运动治疗，有的是食物治疗，有的是断食治疗，有的是心理治疗，而大师则说：“适合用时间治疗。”

例如大师在26岁那年，两条腿害了急性风湿关节炎，疼痛无比。医生说：别无他法，只有将双腿锯断，以免病菌蔓延其他器官。大师听了并不感到畏惧，自忖：“腿断了，行动不便，正好可以安心撰稿著书，从事佛教文化工作。”过了些时日，居然不药而愈。诸如此类的见闻经历，使大师深深体悟：不忧不惧，精进奋发，信心增上，才是除病第一良方。

身体的病不算严重，最难治的是心理上的病，心理上的毛病有：脆弱、自卑、多疑、误会、胆小、怨恨、虚浮、短见、说谎、奸诈、无信、自私、无奈、无慈……

有的同学生病了，找医药来治疗，有的以物理来治疗，有的用休息来治疗，有的用营养来治疗，有的用综合治疗，还有的用精神力用心力来治疗。

我自己对疾病的看法是：“心理健康，身体就会健康。”着重在平时心理上培养健康的心灵，每日做佛光禅健身法、跑香、散步、运动，饮食清淡，三餐正常，不吃零食，虽然多年来忙碌，始终保持禅修、运动、作息正常。

回到山上时，学院的老师常问我，每天这么忙，又睡那么少，怎么还是神采奕奕，我想是跟多年来一直保持一颗欢喜健康的心及适度的运动、适度饮食有关。在海外弘法时，有次去作健康检查，澳大利亚的医生大为惊奇我的健康指数，统统符合标准，甚至有几项超出标准，他说："想不到吃素也能如此健康呀！"改变了他对素食的观念。

人人都会生病，无人能例外，在佛教历史上，诸佛如来、一切大善知识也会有病，不过跟一般人的病不一样，佛菩萨的病甚至于可以把它拿来教化众生，作为教材。

《维摩诘经》云："为大悲心故我病。"菩萨的病，圣者的心，菩萨的生病是一种方便。菩萨像维摩居士的病，所谓方便示疾从大悲心起，可以说是一种圣者的仁者之心。

中国东晋时代的慧远大师，被称为净土宗的初祖，在庐山结社念佛，他在病中三次见到阿弥陀佛的现身。在病中的时候弟子们向他说："老师您的病，假如用酒和药吃下去，会康健好起来的。"慧远大师虽已到了重病时刻，仍然告诉弟子到戒律里面去查一查，生病的时候吃药是否能够喝酒？当弟子们尚在翻戒律的时候，他已经往生过世了，这是慧远大师最后的示现说法——"尊重戒律"。

傍晚见到英文佛学研究所任教的艾伶师姑，在会馆与菩提路、灵山胜境阶梯间，非常努力地进行走路运动，她说自去年由美国纽约回山教书后，因天气不适应，身体违和，今年最大的心愿就是努力运动，早晚走路一个小时，让身体大量流汗，"要为佛教及常住，保持自己的健康，不让大众操心，这是我们的义务”。听了十分感动，“保持自己的健康，不让大众操心”。是啊！夫妇也好，儿女也好，要为家庭保持自己的健康，主管、职员互相要为公司及自己保持健康。

梦窗国师说得好：“无病是第一贵，知足是第一富，善友是第一亲，涅槃是第一乐。”健康的身心是人生的一大财富。

健康，就从今日开始，踏出脚步多运动，饮食知节量，保持愉快的心情，健康属于你我大家的。

探索阅读

认识疾病的真面目：疾病是我们身心或灵性上失去平衡的后果，借着它正好让我们反省一下，重新调整生活的脚步。疾病的根本起因不外乎身心内在和外在的干扰，只要能去除引起疾病的干扰，自然会康复。以病为师，提醒我们身心要和谐平衡，就能健康。

一片松林

从一棵树，让我们体证到大自然，了解生命的意义；
真正懂得生命的人，不会受时间限制，不会受空间阻碍。

所谓“前人种树，后人乘凉”。一棵大树从开满花朵，到结出累累果实，都是从一粒微小的种子开始。坚贞不拔的老松树，一活就是数百数千年之久；尼拘陀树的一粒种子，也能够繁衍出无限的生机，这都是印证佛教里“须弥纳芥子，芥子藏须弥”的含义。从一棵树，让我们体证到大自然，了解生命的意义；真正懂得生命的人，不会受时间限制，不会受空间阻碍。

在盛夏里，长得蓊翠浓密的松树，能庇荫路人，使后人乘凉，享受清凉自在的夏日。《二宫尊德翁颂德碑》中，诉说一片松林的故事，让后人缅怀先人的德风与恩泽。

二宫尊德是柏山附近的农家子弟，在他5岁的时候，关东地区发生大暴风雨。家乡附近江水决堤，洪水淹没了两岸的农田，尊德家里的田地也被沙石覆盖。父亲为了维持全家的生计，于洪水消退后，便开始清除掩盖的沙石，日日早出晚归，每天挑沙挖石，非常辛苦。不久父亲就病倒了。在尊德10岁那年,不得已,只好帮人做工赚钱,补贴家用。

12岁的时候,有一天,当他刚领到了工资200文钱,在回家途中,经过一家苗圃园,门口摆了很多松树苗。在当时景气不好的年代,树苗滞销,老板为了出清树苗,便将这批树苗以贱价出售,每棵的售价由3文钱至5文钱不等。尊德想到,家乡被冲垮的堤防,如果能在岸边广植松树,作为防风林,稳住土地,保护附近的农田,以后狂风暴雨来临时,就不会再发生灾害了。于是二宫尊德用辛苦所得的工资200文钱,买下全部的树苗。

苗圃园的老板问他说:"你买这么多的松树苗做什么?"

他羞涩地说:"要将树苗种植在家乡河堤两岸作为防洪之用。"老板心里颇受感动,便将售价压得更低,来协助他达成愿望。几年后,松树逐渐长成,二宫尊德的家乡,再也没有发生过水患,居民们感念他的德泽,遂立下石碑作为纪念,让后世的子孙及人们,永远记住他的仁风懿德。

所谓"十年树木,百年树人"。佛光山从无到有,大师为了办教育,培育菩提幼苗,开辟兴建东方佛教学院,走过40年的岁月,从一片荒芜之地,到目前的丛林学院,学生来自20几个国家和地区,毕业学僧派往全世界各国弘扬佛法,人间佛教的菩提根苗已遍植全世界,处处花开,枝茂繁盛。这一切看似奇迹,但不如说它是集千万人的愿力所成来得更为贴切。

去年佛光山举办的"人间音缘——星云大师佛教词曲发表音乐会"上,其中有一首歌《我愿》,大师在歌词中云:"我愿做一棵大树,枝繁叶茂,庇荫路人。"表达了大师一生以做一棵大树,给人庇荫乘凉为志愿。如果世间，多一点像大师那样“只求耕耘，不问收获”的人，愿意净化大众的心灵，引发善的观念和想法，播撒更多善的种子在人间，给予时间，等待因缘成熟，嫩枝的树苗，自然就会发芽、成长、成林。

尤其佛光山梵呗赞颂团在中国大陆的北京、上海演出，短短不到两个月间，星云大师又促成两岸佛教界同台携手在台湾的台北、高雄等地演出，紧接着又在中国香港、中国澳门、美国、加拿大等国家和地区表演，“中华佛教音乐展演会”获得空前盛况的回响，象征着人间佛教在台湾及大陆两地已从播种进入萌芽期，未来持续茁壮成长，那么枝繁叶茂，开花结果则是指日可待。

探索阅读

所谓“十年树木，百年树人”。世间一切都是从无到有，“只求耕耘，不问收获”的人，愿意以“前人种树，后人乘凉”的行为净化大众的心灵，引发善的观念和想法，播撒更多善的种子在人间，给予时间，等待因缘成熟，嫩枝的树苗，自然就会发芽、成长、成林。但问自己，可愿意播植一些树苗给后人乘凉吗?

自我教育

快乐的自我教育，就是在平凡处，发现自己的天赋长处；
自我教育会让我们每一时刻里都是快乐的，
并且不断地发现他人及自己的天赋，开发潜能。

教育是一个国家的根本，国家的富强与否，就看它的教育。一个公司要兴隆，看它所用的人才，就知道能否成功。因此先进国家对教育的投资及重视胜于其他。一个家庭里哪一个子女能否有成就，就看他的道德人格，看他出了校门是否能持续地学习，自我教育。教育如此重要，社会上的各行各业，也因此愈来愈重视职员的自我学习能力。

家庭教育、学校教育、社会教育、职训教育、大学教育等，在众多的教育当中，以“自我教育”最为重要。

佛陀在入涅槃前，叮咛弟子要“自依止，法依止，莫异依止”[①]；

① 自依止、法依止、莫异依止：即佛于涅槃会上所教诫弟子之“自依止，法依止，莫异依止”。此乃明示弟子应依仗自力，依正法修学。盖自己有佛性，自己能成佛，故自己身心之当体，即为正法涅槃。

所谓“师父领进门，修行在个人”，“迷时师度，悟时自度”。人生在世，修行也好，工作也好，婚姻也好，亲子相处也好，处世做人都需要自我教育。

快乐的自我教育，就是在平凡处，发现自己的天赋长处，这就是要有禅心。自我教育的方法，是心灵的自我巧慧、巧妙，要能融会心中，靠自己去体会。

我的自我教育方法是：

1. 在生活中要求自己以生活教育落实行门，以思想教育启发自己。

2. 在生活中观察每一件事物的因缘关系，把握因缘，为人服务奉献，以培养彼此的善缘，建立和谐的人际关系。

3. 以思维法义真理，随时记下所感及所闻，不断反复体会深层意涵。

4. 以诸佛圣贤的真理为师，学文殊菩萨的以因缘为师，学观音菩萨的慈悲为师，学普贤菩萨的切实践行佛法为师，学地藏菩萨的愿力为师，学大师的慈悲喜舍为师。

有一次读到佛陀以石头为师，令我十分感动佛陀学习的用心。

佛陀在道场面对群众讲经时说道：“今天我很高兴请到我的老师来。”这时台下的听众十分好奇，心想：“佛陀是大智慧之人，今日老师的老师前来，定有不凡的开示。”只见大家纷纷仰头探望，却不见特殊人士现身，大家都交头接耳，十分纳闷。

佛陀不疾不徐地从口袋中拿出一颗小石头，说道：“这就是我的老师。”就在众人惊讶之余，佛陀继续说道：“今早我要到这里来的时候，我的草鞋内夹着一颗小石子，后来因为有些疼痛，我不得不停下脚步，脱下草鞋，并且找到了这颗石子。当我低头注视着这颗石子时，才发现这颗石子与地上的石子竟各异其趣，各有其生命的渊源与美感。生命的每一个阶段都是有价值的，每一个石子的存在都是有价值的，这也像路旁的花朵，一花一世界，一叶一如来，这石子让我体悟生命的不同与奇妙，它不就像老师一样启发了我的智慧吗？”

我以各经各论作为自我教育，《华严经》让我学习到虚心求教，如善财童子以大众为师。我在澳大利亚弘法参学时，以各行各业都可以为老师，向装潢的工人学习工作的尊严及生活的美学，向建筑师学建筑，向画家学艺术，向音乐家学音乐，向护士学习看护、关护别人的心。此外，从《阿弥陀经》里，学到向大自然的花草树木、鸟兽、动物自我学习，我开始以莲花为师，以海鸥为师，以一片屋瓦为师等，这让我无时、无处不在自我学习，让我的生命丰富，充满学习性，趣味性。

自我学习，是要打开心眼、慧眼，开放全身六根全心全意去学习，让我们以慈眼、耳根善听，向这个世界去学习，这样你会发现自己拥有无限的潜能。

探索阅读

自我教育就是在平凡处，发现自己的天赋长处，这就是要有禅心。

自我教育会让我们每一时刻里都是快乐的，并且不断地发现他人及自己的天赋，开发潜能。

留学僧涯

中国佛教史上，第一位到外国去求学的“留学生”是唐代的玄奘大师，并且是在国际舞台上，第一位为中华民族扬眉吐气的人。

本学期丛林学院有两位老师即将要前往中国大陆进修博士学位，能够再去进修是一件相当值得庆贺的事，我甚为欢喜，自己虽没有读博士，但是看到常住有人代表去读书，都是十分高兴的事，我深深地为他们及常住欢喜。过去佛光山流行一句话说：“成就他人读书，你读书即我读书，你取得了博士学位就是代表我们大家读书。”多美好！成功不必在我，光荣归于大众，这是大师给予弟子们最好的教育。

在佛光山没有读博士、硕士不必自卑，只要肯学习，行行出状元。大师一生没有读过大学，但是荣获美国、巴西、韩国等多所大学所颁发的六个荣誉博士学位，也是博士论文的评审人，创办四所大学，发过许多的博士、硕士证书，大师重视“学力”更甚于“学历”。

多年来大师为了栽培人才，不断地送弟子们到世界各国去留学。从早期佛光山常住开山最困难时，大师毅然地送慈惠、慈容、慈怡、慈嘉法师到日本留学，可看出大师的睿智眼光及胸襟，后来陆续派依空、依昱法师等到日本，慧开、依法法师等到美国留学，永有法师到英国留学等，前几年派五位博士生如满耕、满升、满纪法师等到中国大陆留学，今年又再派满庭、觉冠、觉多法师等到中国大陆留学。几位学院的同学也考试通过，将要到佛光大学进修硕士。看佛光山留学僧不断地成长，就知道大师的愿力及心量。

在中国佛教史上，第一位到外国去求学的“留学生”是唐代的玄奘大师，并且是在国际舞台上，第一位为中华民族扬眉吐气的人。玄奘大师，不仅仅是对佛教有重大贡献，也是影响中国文化至深、功不可没的高僧。

玄奘大师在12岁的时候，因为哥哥陈长捷在东都的净土寺出家，有一天，他到净土寺去探望哥哥。当他见到梵宇僧楼，不觉生起了清净庄严的感觉；见到相好慈尊，不觉生起了无比的仰慕和崇敬。他从此在心中埋下一颗出家、学佛、弘法、度众的种子。

后来，皇帝下诏在洛阳的一个寺中度僧，玄奘兴奋地进去寺中应试，哪知是失望地出来，因为他的年龄不足20岁，所以没有领到官家的“度牒”①。玄奘没有得到度牒，心中懊恼非常！徘徊在寺的门前不肯离去。大理寺卿郑善果见到了，问他：“你老待在这儿做什么呢？”“我要度牒出家！”玄奘毫不犹豫地回答。“为什么一定要出家呢？”郑善果又问。“我要远绍如来，近光遗法。”

玄奘伟大而恳切的志愿，深深地感动了大理寺卿，因此破例发给他度牒。玄奘得到度牒出家为僧以后，果真为中国的文化发展，

---

① 度牒：在我国或日本，由官方颁发出家得度僧侣之证明书，称为度牒。

立下了不朽的功业，为中国的佛教史，写下了光辉的一页。

唐贞观三年（公元 629 年），大师只身渡过八百里流沙，历经重重艰难困苦，冒着生命的危险，到印度那烂陀大学亲近当时唯识学的泰斗戒贤大师，学习瑜伽、显扬、婆沙等诸论，深究护法唯识学的奥义。

玄奘大师将要束装回国的前夕，在印度曾将自己所建立的唯识要义挂于门外，向全印度的宗教界宣布说："如果有人能够把我所立的唯识宗的论说驳倒的话，我玄奘愿以生命向他礼谢。"当时竟然没有一个人能反驳他的立论，大师学养之深可见一斑。大师因此声名远播，全印度数十国的国王，联合请他开讲唯识教义，盛况空前。

贞观十九年（公元 645 年），大师携带大小二乘经论 657 部回到唐都长安。大师回到长安之后的 20 多年间，一方面培育弟子，一方面从事译经的工作，一共译有 76 部 1 347 卷的经典，在中国佛教译经史上大放异彩，奠定了中国佛教唯识宗的基础。

"学玄奘之西行，效善财之南询。"每年来自 20 多个国家的佛光山丛林学院学佛的同学们和西行到印度去留学求法的玄奘大师有一样的雄心壮志。

"效善财之南询"一句，依《华严经》记载，善财童子共参访了 53 位善知识，他为求真理而到处游学参访的精神，是青年学子的楷模。这两位老师，即将前往留学就是效法善财童子 53 参的精神。想想自己虽未去读博士，但是蒙常住及师父慈悲到过美国、澳大利亚、新西兰去开拓弘法，这不也是另一种的留学吗？所谓"钵盂到处任君参"，过去禅门里参学云游，不就是目前佛光山的云水轮调制度吗？调职就是最好的留学呀！

前天一位想要入学丛林学院的某大学博士毕业生问我："为什么选择佛光山？"我不假思索地回答："我为法而来，为菩萨道而来，为弘扬人间佛教而来。"《华严经》云："因求真理登净域，为学佛法入宝山。"这正如《维摩诘经》里所说的"我为法来，非为床座而来"的意义。

近20年的佛光山留（参）学僧涯，丰富了我的生命，开阔了我的视野，何其感恩大众的成就，并以此心情回到学院办学，祈愿未来丛林学院的学生们也都能在毕业后，以参学云游的心情，安心接受调派，随缘自在地到海内外各别分院去学习，且将调职的每一个因缘当作留学吧！珍惜当下。

探索阅读

放眼到海外留学已蔚为潮流。近年来有愈来愈多的学生选择至海外进修，留学应重视教育质量，教育风格需着重培养学生独立思考的能力，发掘学生潜能及创造力。此外留学生应注重当地丰富的历史文化与人文风格兼容并蓄，如此的教育将会帮助留学者拓展人生的新视野与新方向。

真言实语

真言是说真话，不打诳语，“真言”二字，好令人向往，

尤其在这个是非容易混淆的时代。

拜日本开会之赐，大师的慈悲提携，让我们一行在百忙当中抽空参访日本最著名及历史最古老的真言宗的总本山——高野山。

清晨驱车前往抵达高野山时天色还早，首先拜访了金刚峰寺，踏入寺内幽静清灵，到处花木扶疏。客堂前，知宾先递上简介及糕点纪念品，一入堂内立即有侍者奉上茶，让我们自由轻松地喝茶品茗，欣赏室内的绘画书法艺术，感受日本的文化之高雅在于生活的落实。玄关前的照顾脚下，禅堂的提起正念，客堂的客来泡茶、奉茶，迅速准确，本分合宜，令人不禁佩服日本人的佛法生活化。

金刚峰寺参访过后，迫不及待地前往此行的目的地，观赏巨大的杉树林，高达十几丈的大杉树，大家欢喜地抱住大杉树合影，了解它的胸宽有多大，原来要八个人的手拉手，方能将大杉母树抱在怀中，其他杉树环山成林，高野山果真是日本的大丛林，孕育出无数的僧侣。

一行人通过一片宁静的墓园，欣赏日本人各种不同造型的墓碑，清一色都是以米色、灰色系列的大理石为主，没有大红绿紫的喧扰，只是平淡地诉说生死一如，令人激赏。

我拍了许多墓碑的照片，如咖啡杯型、火箭发射型、观音菩萨像等等。最有趣的是惠师父为我们介绍一座漫画家的墓园，碑上欢迎大家涂鸦，因为他生前风趣幽默，往生了也不忘和来访的游客开玩笑一番，我们一群人睁大眼睛寻寻觅觅，终于发现了，在墓碑前穿越时空与他对话，祝福他在净土安乐自在。

整座墓地里见到最多的是墓前的小地藏菩萨像，原来日本人将地藏王菩萨视为小孩子的守护神，如果有年幼往生的小孩，家人就会设塔安奉，家属还为墓前的守护小地藏戴上帽子、搭披肩，有哥俩好的一对地藏像，甚至有五尊大小不一的地藏一起，不知是否担心孩子太寂寞，多些兄弟有伴吧！想想日本人情味真浓。途中还有更令人啼笑皆非的是帮一尊硕大的地藏像涂口红胭脂，虽甚为有趣，但是觉得多此一举，菩萨还要我们帮他粉饰吗？是众生自作多情吧！

终于到达空海大师居住的殿堂，见到许多日本人虔诚地在礼拜上香，缅怀1 600年前的大师风范，空海大师至今仍是日本人心目中的信仰精神中心，香烟袅袅中，我的心飘回到一千多年前大师到中国求法修道的时空景象。

日本高僧空海大师（公元774—835年），是日本真言宗创始人，后来被称为弘法大师。25岁出家，随遣唐使进入中国，在长安遍访大寺，到青龙寺拜真言宗七祖慧果阿阇黎为师，是一位守戒律、潜心佛学的僧青年，得真言密教传授胎藏界、金刚界灌顶，法号

“第八祖遍照金刚”。回日本后，创立日本真言宗，为真言宗第八祖。公元823年日本天皇诏赐东寺给空海，作为传授真言宗的永久寺观，赐名“救王护国寺”。

空海大师曾经写过一首诗《后夜闻佛法僧鸟》：

闭林独坐草堂晓，
三宝之声闻一鸟。
一鸟有声人有心，
声心云水俱了了。

对空海大师这首诗所蕴涵的禅意，深入钻研层次很深，说明了他所悟道的心境，如声心云水，体悟到空有一如的境界。

佛教密宗亦称真言宗，在印度为后起，历传至中国，再经空海弘扬于日本。真言宗教义也复杂，非一般佛门外人士所能阐释。

“真言”的称号，从最世俗、最普通的理解而言，真言是说真话，不打诳语，“真言”二字，好令人向往，尤其在这个是非容易混淆的时代。日本民众广泛信仰真言宗，实践于生活里，工作的踏实、认真，都可看出他们求真务实的心念。

许多年前日本社会舆论，集中在要求官员和政客们在有关中日关系问题上讲真话，可谓正中要害，说明日本人民的觉醒，是很可喜的，可见日本人还是有许多讲真言的正人君子们。

前几年在报纸里见到日本政客要篡改小学教科书中南京大屠杀的史实，令中国及日本各界的舆论哗然。去年报上刊载一位日本人为其父亲在南京大屠杀中的所为向中国人道歉，这也是说“真言”的勇敢表现，现今时代要找一个说“真言者”还真不容易，尤其是政治界的人物。

在台湾的选举期间同样地看我们的政治，民众也一再地希望政治人物要能说真言，讲实话，因为社会弥漫着一股虚伪不实的风气，报纸杂志的隐善扬恶，夸大不实，说谎，令人忧心，我们要如何教育下一代呢？说谎、欺骗、诈欺的风气，令台湾的社会好沉重呀？

《金刚经》里，第十四品《离相寂灭分》云：“如来是真语者、实语者、如语者、不诳语者、不异语者。”说明佛陀以说真言而证入无上菩提。三藏十二部经中，佛陀处处提醒弟子们要谛听，善思念之，说真实语、善语，就是告诉我们要无虚假地以“真言”来面对世间的一切。真言无畏，真言之正因必得正果，我们的社会需要真言的人们来导正风气，《人间福报》在千禧年创刊，正是为社会带来一股清凉的正义真言，需要更多人来拥护支持，祈愿社会多些佛陀及空海大师的化身，多些真言实语。

本次前往日本参加会议，谈教育、文化、弘法，谈本土，谈国际，谈现在、过去、未来的发展，无所不谈，数日间在无电话、无传真中度过最安静的会议，以最真实的心心相印之语，关怀社会，推动世界和平，好一场真善美的聚会呀！感谢容我在同一屋檐下，聆赏真人真心真语。

探索阅读

人生要无虚假地以“真言”来面对世间的一切。真言无畏，真言之正因必得正果，我们的社会需要真言的人们来导正风气。

善解人意

聪明的人能够善解他人之意，由繁琐解出核心之要，大事化小事，小事化为无事；愚痴的人将简单知识弄得更复杂，小事变成大麻烦。

佛教里须菩提尊者是解空第一，善解法义，观照空理，他有忍辱波罗蜜。观空、忍辱，就是无我相，就是面对一切顺逆境界都自在无碍，无有恐怖颠倒妄想。怎样才能做到这样的功夫呢？我们看《金刚经》批注，佛陀要须菩提坐在那里，他不敢站；要他站起来，他不敢坐；要他在这边，他不敢到那边。这就叫作服从、无我、忍耐、观空，你说我们什么人可以做到这样的佛法修养？因此《般若波罗蜜多心经》里，佛陀在 1 250 位大阿罗汉里，以解空第一舍利佛为当机众，对大众说："观自在菩萨，行深般若波罗蜜多，照见五蕴皆空，度一切苦厄。"

我们每一个人的内心，既具足善解、慈悲，也都有无知、嗔恨和暴力。聪明的人能够善解他人之意，由复杂繁琐中抽丝剥茧，解出核心之要，大事化小事，小事化为无事；愚痴的人将简单知识弄得更复杂，小事变成大麻烦。

“善解”人生者，克服逆境，活出自己生命的色彩。如知名口足画家谢坤山先生，在16岁的一场工作意外中，误触高压电，导致双手及右小腿截肢，右眼失去视力，左脚的五只脚趾全部黏在一起且扭曲，在遇到异样的眼光时，都用“善解”来转换心境。何谓“善解”？例如他右眼失明，右眼看不到的都是坏的、恶的，左眼看得到的都是美的、好的，善解使他的人生充满着光明。

春秋时期鲁国有一个乡下人，送给宋元君两个用绳子结成的疙瘩，并说希望能有解开疙瘩的人。于是，宋元君向全国下令说：“凡是聪明的人、有技巧的人，都来解这两个疙瘩。”

宋元君的命令引来了国内的能工巧匠和许多脑筋灵活的人。他们纷纷进宫解这两个疙瘩，可是没有一个人能够解开。他们只好摇摇头，无可奈何地离去。

有一个叫倪说的人，不但学识丰富、智慧非凡，就连他的弟子，也很了不起。他的一个弟子对老师说：“让我前去一试，行吗？”

倪说信任地点点头，示意他去。

这个弟子拜见宋元君，宋元君叫侍从拿出绳疙瘩让他解。只见他将两个疙瘩打量一番，拿起其中一个，双手飞快地翻动，终于将疙瘩解开了。周围观看的人发出一片叫好声，宋元君也十分欣赏他的能干聪明。

第二个疙瘩还摆在案上没动静。宋元君示意倪说的这个弟子继续解第二个疙瘩。可是这个弟子十分肯定地说：“不是我不能解开这个疙瘩，而是这疙瘩本来就是一个解不开的死结。”

宋元君半信半疑，于是派人找来了那个鲁国人，把倪说弟子的答案说给他听。那个鲁国人听了，十分惊讶地说：“妙呀！的确是这样的，摆在案上的这个疙瘩是个没解的疙瘩。这是我亲手编织出来的，它没法解开，这一点，只有我知道，而倪说的弟子没有亲眼见我编织这个疙瘩，却能看出它是一个无法解开的死结，说明他的智慧是远远超过我的。”

天下人只知道就疙瘩解疙瘩，而不去用脑筋推敲疙瘩形成的原因。一个有智慧的人在艰难繁杂的世间里，能够由平常生活里善用智慧推敲问题形成的原因解开难题，或是在问题未发生前已经见到危机，而能事先预防勿使心灵惹尘埃。

佛光山丛林学院新学年开始，旧生都已经回院报到了，这学期也有一些外籍新生入学报到，有来自泰国、马来西亚等数国的同学，看到新生进学院除了欢喜之外，我最担心的是刚进来的新生对学院的院规作息等不熟悉而紧张。

曾经听过一位旧生告诉我，当她第一次去过堂，由于不熟悉过堂规矩，也不敢抬头看他人，每当一吃完饭就将碗推到桌子的前方，行堂同学迅速地为她添了满满的一碗饭，历经三次，吃了三大碗的饭，吃得她满脸痛苦委屈又不敢言，吃了一个星期实在受不了了，才问老师：“一定要吃这么多饭吗？”老师方才发现她完全不明白过堂的规矩，也因为知道刚进门的同学都害羞不敢问，因此交代学务处老师要多主动关心辅导，善解学生之需。

佛门讲究慈悲、方便，做老师的对新生要主动去关心、了解，尤其是对新环境的作息紧张，要加以疏导。刚开学的头几周，有的学生会紧张得便秘或是睡不着觉，或是提前起床吵到他人。就像社会上刚毕业的学生头一次去就职，遇到新的主管及新同事、新环境都会有许多的陌生害怕，此时需要过来人的学长或是同事主管关心关怀，“善解他意”就是老师与学生，父母与子女，主管与属下的沟通桥梁。在这新的学年开始的时刻，我也自我期许能做个善解人意的园丁，也期望全院老师们能好好做个园丁，为丛林学院这群未来的佛门龙象，发心灌溉、锄草、施肥、修剪照顾。

英国著名的诗人莱斯特写过一首题名为《云》的诗。诗的内容是：“同样是今日的天气，有人说它真美妙，还有人认为它不吉祥。其实，不管是晴是雨，都是好天气。调整调整你的感觉吧！晴朗、阴雨、刮风都是好天气。要是有差别，那是气象台的事。”无关天气好坏，只要我有一颗禅心、欢喜心、柔软心、体谅心、欣赏的心，不管是什么样的天气或环境，我们都能以善解心来看待。学习突破烦恼，学习以智慧度化人生的每一个难题，把挫折化为肥料或营养资粮，就能在污秽的烂泥里长出清净芬芳的白莲花。

探索阅读

如果身边的人没尽力，起烦恼时，只要挂虑如何让自己做得出色即可。当自己尽全力的时候，提醒身边的人，也要尽最大的努力。这何尝不是另一种“善解人意”的方式？

跋　风水似月

看山看云看树看寺庙，听海听风听雨听自心。

刚从德国回本山时，对睽违甚久的山头，竟在熟悉处里有孤单的陌生，遂努力地在记忆的角落寻找“曾经”，还好昔日同窗好友也从浩瀚的天涯海角飞回，与我交会在大雄宝殿前的成佛之道——那一夜月色灿烂，我与满谦同学不期而遇在大雄宝殿前的丹墀。嗨！大佛依旧、月光依旧，而青春依旧留下痕迹。

坐在殿前的阶梯，谈以前谈现在谈未来，四周月光浮动，空气中飘来淡淡的琴音，看看眼前的老同学，这位我们班的“光荣”，一点都没变，一样的优秀。

记得刚进学院时，由于未得家人首肯，趁月黑风高，披星戴月上山，身无分文之下遁藏于佛学院，我们这位同学，职务是偌大学院里专门下山采购的总务，知道我的处境，常帮我留意不用花钱的二手货。印象中的她，公务繁忙，总见她带着急促的喘息声，进入怀恩堂的后座听课，让初学佛的我，看到精进勤劳的庄严与美丽，无形之中给予在当时孤立无援的我，更坚定自己所选择的这一脚步。

那年，值遇开山大师60大寿，那是师父首次应允徒众请求，邀请所有60岁以上的信众，举行了一场感恩盛会。那场活动，让全院的同学热血沸腾，从场地布置、接待来宾到节目演出，所有人集体创作，做得欢天喜地。而这位酷酷的同学，悄悄地在那次欢乐的活动后，申请出家，发心加入弘法利生的行列。

面对这突然的改变，我不禁惊惶失措，而这位对我永远有着妈妈般慈祥笑容的同学跟我述说："生命里有些因缘是注定的，无论再怎样费心，也无法逆转命运中的定业。只有精进不懈用功修行，有天必能解脱轮回。"当时我也想着自己戏剧化的学佛因缘，虽不懂深奥的佛理，但她这番话我真的能懂，也在心中产生极大的共鸣。

原来，满谦同学初学佛之处非佛光山也！当初，她辞去一间相当有名的服装公司设计师的高薪工作，割爱辞亲，义无反顾，毅然决然奔向那条未知的"解脱之道"。提着简单的行囊住进朝思暮想的天堂，虽习惯此间寺庙的生活作息，仍战战兢兢随着大众劳作……一天下来虽疲惫，但心里却是欢欣，是法喜的，因为她有着对佛法的认定，而当出家的念头水到渠成时……是晚，开大静①前静坐，好似观见高大的护法韦驮，手持金刚杵挡在面前，张开眼形象又不见了，心想该不会是自己太累了，才有产生如此幻影？止静后，睡梦中的幸福还洋溢在脸上时，护法菩萨此时又开口说话了：

① 开大静：寺院晚上钟板响后，大众睡眠，一切活动停止，称开大静。

"请你今早就离开，你不属于这个地方，你有你该去的地方，快走吧！"连续几天，同样的梦境出现，韦驮菩萨的身影一日明晰过一日，不觉提起她的疑情，只好改觅他处。于是满谦同学再次背起云水的行囊，四处明查暗访消息，巧合得知佛光山有佛学院可读，当然不管是学期中或学期末，拜托老师让她插班读书。

"要感谢那位护法菩萨，不然我们怎能相遇在佛光山？"我开玩笑地说着，也感受这位平凡女子转变为佛门中的法王子，未来必有一番大事业、大成就。那时全山的女众职事是前往学院的斋堂吃饭，而她是当时全学院的库头；若有重要的国际学术活动，她也是会场上相当灵巧的主持人；首次举办短期出家修道服的设计，也是来自她的参与，至今这套修道服仍未随着时光的流逝而减其道气。

那夜与她相遇的对谈，时空跨越近 20 年的岁月，我们回想起当初每位同学背后原有的奋斗故事及个人持有的特色，怀想的感慨中亦不免生出无限感动，怪不得这群分散于各地弘法的同学，对"同学会"都有些期待，像"我与樱桃小丸子相约，30 年后在宝桥上开'创世纪'记者会""我与挚友相约，虽然重逢在异乡的娑婆，待回到最初的极乐家中，必定要一起共赏共听共盼宁静月光，同年同月同日敞开心窗"，而这份同窗好友的情谊里，正含藏我们对满谦的祝福与期待，毕竟她担任了我们母校——佛光山丛林学院的院长之职。

从《丛林所思》中，读者不难发现，满谦虽外表严峻，却有颗柔软的菩萨心肠。其实，我们都爱月亮、爱花、爱大自然，所以我希望她能多笑一点，别让严肃的外表成为学生与院长的距离。在月光如水的阶梯前，我告诉她，许多丛林里的角落，藏着无数真心至情的故事，莫嫌佛门茶饭淡，僧情不比俗情浓。就因为感情清淡，才品得出平凡人生的真味；就因为时空的遥遥距离，相遇才堪珍重。我认为，也是因为这些质地，才能催促一位性格刚正严谨之人，通过书写，记录下丛林里栩栩如生、“风水似月”的景致。

虽然有人认为，“学佛”是现代人时髦的风潮，但本山这片传统的丛林天地，唯有身历其境，才能如实感受“丛林”里的广大浩瀚。有心的读者，可以将《丛林所思》当作敲门砖，进入其中喝茶、品味。

任何等待，都是一场需要勇气的博弈！在这丛林格局里的每个人，不管出家、在家，皆像花草树木自有它的位置，独木无法成林。佛陀、常住、师父上人一直在等待，等待大家成长，等待花开，等待里没有契约、没有承诺、没有利害关系，而物竞天择，一切来去将自然而然。诚然，满谦任重道远，但愿她能成为这条佛光大道上许多后进的好因、善缘，我们这群同学，衷心为她祝福，也将全力护持！

满维法师